de Philippe-Vincent Foisy et Julien McEvoy
est le neuf cent cinquante-quatrième ouvrage
publié chez VLB ÉDITEUR
et le cinquante-troisième
de la collection «Partis pris actuels»

Remerciements

À Julia Yaccarini, sans qui rien de tout cela n'aurait été possible ; à Lawrence McEvoy, pour sa patience et sa générosité ; à Louise McEvoy, pour son aide précieuse ; à Patrick White, pour l'opportunité ; à Marie-Pier Cornellier, pour son soutien et ses encouragements ; et à Léon Yaccarini-McEvoy, pour l'inspiration.

À l'équipe du Groupe Ville-Marie.

À tous ceux qui ont pris le temps de nous parler.

VLB éditeur bénéficie du soutien de la Société de développement des entreprises culturelles du Québec (SODEC) pour son programme d'édition.

Gouvernement du Québec – Programme de crédit d'impôt pour l'édition de livres – Gestion SODEC.

Nous reconnaissons l'aide financière du gouvernement du Canada par l'entremise du Fonds du livre du Canada pour nos activités d'édition.

Nous remercions le Conseil des Arts du Canada de l'aide accordée à notre programme de publication.

LE SCANDALE DU GAZ DE SCHISTE

VLB ÉDITEUR
Groupe Ville-Marie Littérature inc.
Une compagnie de Quebecor Media
1010, rue de La Gauchetière Est
Montréal (Québec) H2L 2N5
Tél.: 514 523-1182
Téléc.: 514 282-7530
Courriel: vml@groupevml.com

Éditeur: Martin Balthazar
Direction littéraire: Véronique Marcotte
Maquette de la couverture: cyclonedesign.ca

Catalogage avant publication de Bibliothèque et Archives nationales du Québec et Bibliothèque et Archives Canada
Foisy, Philippe-Vincent, 1989-
Le scandale du gaz de schiste
(Collection Partis pris actuels)
ISBN 978-2-89649-354-8
1. Gaz de schiste – Industrie – Québec (Province). 2. Gaz de schiste – Industrie – Aspect de l'environnement – Québec (Province). 3. Gaz de schiste – Politique gouvernementale – Québec (Province). 4. Participation sociale – Québec (Province). I. McEvoy, Julien, 1984- II. Titre. III. Collection: Collection Partis pris actuels.
HD9581.2.S523C3 2011 338.4'76655709714 C2011-941919-X

DISTRIBUTEURS EXCLUSIFS:
- Pour le Québec, le Canada et les États-Unis:
LES MESSAGERIES ADP*
2315, rue de la Province
Longueuil (Québec) J4G 1G4
Tél.: 450 640-1237
Téléc.: 450 674-6237
*filiale du Groupe Sogides inc., filiale de Quebecor Media inc.
- Pour l'Europe:
Librairie du Québec / DNM
30, rue Gay-Lussac
75005 Paris
Tél.: 01 43 54 49 02
Téléc.: 01 43 54 39 15
Courriel: direction@librairieduquebec.fr
Site Internet: www.librairieduquebec.fr

Pour en savoir davantage sur nos publications,
visitez notre site: editionsdvlb.com
Autres sites à visiter: editionshexagone.com · editionstypo.com
edjour.com · edhomme.com · edutilis.com

Dépôt légal: 4e trimestre 2011
Bibliothèque et Archives nationales du Québec, 2011
Bibliothèque et Archives Canada

ISBN 978-2-89649-354-8

Philippe-Vincent
FOISY

Julien
McEVOY

LE SCANDALE DU GAZ DE SCHISTE

partis
pris
actuels

Introduction

« Tout ce que j'ai appris de la vie politique, c'est M. Charest qui me l'a enseigné. »
NATHALIE NORMANDEAU

En 2007, bien peu de citoyens du Québec savent ce qu'est le gaz de schiste. Pourtant, de chaque côté de l'autoroute 20 entre Montréal et Québec, des entreprises gazières sont déjà propriétaires de notre sous-sol.

La loi du silence règne au sein du gouvernement libéral de Jean Charest qui, nécessairement, a déjà discuté de la situation en conseil des ministres. C'est même Stéphane Bertrand, chef de cabinet du premier ministre entre 2003 et 2007, qui rassemble les gazières pour former le lobby de l'Association pétrolière et gazière du Québec en 2009. Ce fort vent de copinage suit les libéraux tout au long de ce dossier scandaleux, autant en termes de consultation publique que de partage de l'information avec les citoyens.

Assise dans le fauteuil autrefois occupé par René Lévesque, Nathalie Normandeau règne sur le ministère des Ressources naturelles à compter de juin 2009. Elle démissionne de son poste de député et de ministre à mi-mandat, en septembre 2011, quelques semaines avant la parution de ce livre. Les deux années que la jeune politicienne de 43 ans passe aux commandes des richesses naturelles du Québec n'ont certes pas été ennuyantes. De déclarations hasardeuses en prises de position sans équivoque, rares ont été les moments où elle n'a pas défrayé la chronique.

Il a fallu attendre quatre ans depuis la vente des permis d'exploration gazière pour que les libéraux commencent à aborder le sujet publiquement. En août 2010, devant le mécontentement populaire face au refus du gouvernement d'informer les Québécois, Nathalie Normandeau entame une tournée des régions touchées par l'industrie naissante du gaz de schiste.

Les présentations aux citoyens et aux élus municipaux réunis pour l'écouter sont basées exclusivement sur les chiffres que lui fournit l'industrie. En cette ère de l'information, la représentante du gouvernement agit en véritable courroie de transmission du secteur privé.

Se pose alors la question de l'acceptabilité sociale de l'industrie gazière. Son développement saura-t-il atteindre un juste équilibre entre l'intérêt privé et l'intérêt collectif? Qu'ont à gagner les Québécois dans l'aventure ? L'État du Québec est-il seulement armé d'études et de données sérieuses pour contrebalancer le marketing de l'industrie ?

La réponse est non.

Sur les 200 millions de dollars investis par les gazières au Québec depuis 2006, 80 l'ont été par l'État sous la forme de crédits d'impôt et autres avantages fiscaux. Le gouvernement a également offert un congé de redevances de cinq ans à l'industrie dans son budget de 2009. À première vue, force est de constater qu'il nous aura fallu débourser de l'argent pour voir l'industrie accaparer une de nos ressources. Est-ce bien un modèle digne de notre époque ?

Maintes fois décriée comme archaïque, la Loi sur les mines est celle qui encadre l'industrie gazière chez nous. Un projet de réforme est en cours, mais ce ne sera que trop peu, trop tard. Le concept du *free mining*, en vertu duquel un permis d'exploration domine tous les autres droits de propriété du Code civil, restera intact. Les entreprises détentrices de tels permis demeureront donc toutes-puissantes. À quand une véritable réforme en profondeur de cette législation qui date de 1880 ?

Il ne faut pas chercher bien loin pour trouver le scandale. Plutôt que de protéger un territoire riche en ressources et d'armer la population en la renseignant sur le sujet, le pouvoir exécutif du Québec s'affaire à générer de la prospérité là, maintenant. Le tout avec la coloniale Loi sur les mines comme cadre juridique et des compagnies presque entièrement étrangères aux commandes.

Le terme province, qui étymologiquement signifie « pays vaincu », revient donc nous hanter une fois de plus. C'est pourquoi il ne sera jamais utilisé dans ce livre.

CHAPITRE PREMIER

L'expertise de l'État québécois dans le gaz

« Tout est politique. »
SLOGAN DE MAI 1968

Fin de l'été 1962. De grands projets sont en gestation au Québec.

Au pouvoir depuis seulement deux ans, le gouvernement libéral de Jean Lesage déclenche une élection sans avertissement. Le ministre des Richesses naturelles, René Lévesque, entame alors un grand tour du territoire avec tableau et craie à la main. Il va à la rencontre des Québécois pour leur raconter son rêve, celui de débarrasser la nation du « cartel de l'électricité » qui, en anglais, domine le secteur de l'énergie au Québec. « Maîtres chez nous », scande-t-il partout où il passe.

Quasi référendaire, cette élection inattendue se couronne le 14 novembre 1962 par une éclatante victoire du Parti libéral du Québec (PLQ). « Nous allons ouvrir les portes sur l'avenir économique du Québec avec cette clé que vous nous avez confiée, celle de la nationalisation de l'électricité », déclare le soir même le premier ministre, Jean Lesage. Six mois plus tard, Hydro-Québec est en possession de toutes les actions des 11 compagnies du « cartel », dont celles de la puissante Shawinigan Water & Power Company.

Ce sont les premiers pas de la construction de l'État québécois moderne. Avec la création de la Caisse de dépôt et placement du Québec (CDPQ) deux ans plus tard, l'équipe du gouvernement Lesage dote le Québec d'un outil essentiel pour son développement économique. Les Québécois disposent enfin du levier nécessaire pour se réapproprier leur territoire et y produire eux-mêmes de la richesse, en français.

Le gouvernement unioniste de Daniel Johnson et de Jean-Jacques Bertrand continue de porter bien haut le flambeau de ce mouvement de réappropriation. Après l'électricité, c'est aux hydrocarbures que s'attaque l'État québécois, avec la création de la Société québécoise d'initiative pétrolière (SOQUIP) en 1969. Son mandat est clair : trouver des hydrocarbures en explorant le sous-sol, puis créer de la richesse en les exploitant. Comme l'écrit le sociologue Jacques B. Gélinas, « on croyait alors que si notre sous-sol recelait des hydrocarbures, une telle ressource énergétique devait servir, tout comme l'hydroélectricité, au développement de toute la nation, plutôt qu'à l'enrichissement des compagnies privées[1] ».

La SOQUIP devient vite maîtresse d'une bonne partie du territoire. Les permis d'exploration détenus par Hydro-Québec lui sont transférés et ceux possédés par la multinationale Shell, alors leader dans le domaine au Québec, sont rachetés. Tout au long des années 1970, le personnel de la SOQUIP développe son expertise en hydrocarbures, réalise des études géophysiques et accumule connaissances et données sur le sous-sol. En 15 ans, ce sont 57 millions de dollars que l'État investit à ces fins.

1. Jacques B. Gélinas, « Société québécoise d'initiative pétrolière (SOQUIP) : Triste histoire d'une société d'État dissoute dans l'idéologie corrosive du néolibéralisme », novembre 2010.

Les géologues et ingénieurs au service de la société découvrent plusieurs gisements de gaz naturel sans jamais que leurs volumes soient suffisants pour une exploitation rentable. À deux exceptions près puisque les gisements de Pointe-du-Lac et de Saint-Flavien sont exploités pendant dix ans et servent aujourd'hui de réservoirs de stockage. « Ça rapportait un million de dollars par année à l'État, se souvient Renaud Lapierre, un des administrateurs de la SOQUIP à l'époque. On développait notre expertise d'exploitation en compressant le gaz et en le transportant par camions. »

Ce n'est toutefois pas suffisant pour le premier gouvernement de René Lévesque. Le Parti québécois (PQ) souhaite voir la SOQUIP diversifier ses opérations en investissant dans la distribution et la commercialisation d'hydrocarbures et son mandat est élargi en 1980.

> C'est le début de la deuxième période, continue M. Lapierre, devenu sous-ministre adjoint de l'Énergie en 1979. À la demande du ministère, la CDPQ vient appuyer la SOQUIP dès 1981 pour lui permettre d'acheter la société Gaz Métropolitain aux mains de Conrad Black, une transaction que Jean Campeau [président de la CDPQ] négocie, alimenté par les expertises que nous lui offrons.

À défaut d'avoir trouvé du gaz naturel à exploiter, l'État va créer de la richesse grâce au transport, au stockage et à la distribution de la ressource.

Rapidement, Gaz Métropolitain devient une entreprise d'envergure. « On est devenu partenaire dans le gaz, renchérit Renaud Lapierre. La SOQUIP a développé une autre expertise en s'impliquant dans le développement des réseaux de distribution. » La société joue si bien son nouveau rôle qu'en 1984, elle abandonne sa mission première d'explorer le sous-sol. Les probabilités de découvrir des gisements rentables sont jugées trop faibles.

Devant la croissance rapide de Gaz Métropolitain, un ex-mandarin de l'État, qui a participé à la création du ministère de l'Environnement à titre de sous-ministre, devient son PDG en 1987 : il s'agit d'André Caillé. Au service de l'entreprise depuis 1982 déjà, il en prend la direction en même temps qu'il est nommé président de Noverco, holding financier créé par la SOQUIP pour chapeauter l'ensemble des participations de l'État dans le secteur du gaz naturel. Il devient donc en quelque sorte « l'homme du gaz » de l'État québécois.

Le réseau de distribution que construit Gaz Métropolitain dans les années 1980 lui permet de commercialiser la majeure partie du gaz consommé au Québec et de générer un rendement d'environ 12 % chaque année. Avec plus de 10 000 kilomètres de pipelines qui alimentent tout le territoire en gaz, la société en commandite devient un joueur clé dans le secteur de l'énergie au Québec. En 1996, après 14 ans de service pour Gaz Métropolitain, dont neuf comme PDG, André Caillé quitte une entreprise deux fois plus grosse qu'à son arrivée.

En janvier 1996, Lucien Bouchard prend les rênes du Québec en remplacement de Jacques Parizeau, 90 jours après que 50,6 % des Québécois ont dit « non » au projet de pays du PQ. Le nouveau premier ministre déclare qu'aucun autre référendum n'est prévu puisque les « conditions gagnantes » ne sont pas réunies. L'ancien député conservateur au fédéral et ministre canadien de l'Environnement aspire plutôt à redresser les finances de l'État avec la politique du « déficit zéro ». L'énergie figure au premier plan de la stratégie de Lucien Bouchard, qui souhaite voir le Québec devenir une plaque tournante du marché de l'énergie en Amérique du Nord.

Sa vision implique qu'Hydro-Québec dépasse les frontières de l'hydroélectricité en diversifiant ses actifs. C'est pourquoi il offre très vite la présidence de la société d'État à André Caillé, lui qui dirige Noverco et Gaz Métropolitain de main de maître depuis près de 10 ans et qui se bat avec acharnement depuis 14 ans pour grignoter des parts de marché à Hydro-Québec afin de positionner avantageusement le gaz naturel sur l'échiquier énergétique du Québec. Pris par surprise, Caillé hésite. « Si vous voulez quelqu'un pour gérer l'entreprise sur une base commerciale et si le gouvernement veut prendre un peu de distance par rapport à Hydro-Québec, je pense que je peux le faire, mais si c'est pour faire autre chose, je ne suis peut-être pas la bonne personne[2] », répond-il à Bouchard.

Fin gestionnaire et habile stratège, André Caillé est le premier à avouer qu'il est tout sauf un politicien. La lumière de la place publique, très peu pour lui. Il veut s'assurer d'avoir les coudées franches chez Hydro-Québec et sa négociation avec Lucien Bouchard dure plusieurs mois au cours de l'année 1996. Au final, personne ne connaît vraiment la teneur de ces discussions de plus de 200 jours entre ces deux personnages plus grands que nature au Québec. Puis Caillé flanche, ou obtient ce qu'il veut, et accède à la présidence de la société d'État le 1er octobre 1996.

Un an plus tard, en octobre 1997, le reporter Benoît Nadeau écrit dans la magazine *L'Actualité* :

> Son passage de Gaz Métropolitain à Hydro-Québec est un peu la revanche du vilain petit canard. Gaz Métropolitain a toujours été le parent pauvre de la planification énergétique au Québec, qui ne jure que par l'hydroélectricité. Or, bien qu'Hydro-Québec ait mis le grappin sur Gaz Métropolitain en achetant 42 % des actions du holding qui le contrôle, Noverco, on peut se demander si ce n'est

2. Michèle Charbonneau, Francine Harel Giasson et Laurent Lapierre. « André Caillé et Hydro-Québec », centre de cas HEC Montréal, 2003, p. 7.

> pas plutôt Gaz Métropolitain qui prend les commandes, en douce, de la société d'État : au moins six de ses anciens cadres supérieurs sont désormais installés à la direction d'Hydro-Québec et de ses filiales[3].

En moins de 365 jours, le nouveau président met la main sur l'entreprise qu'il a dirigée pendant 9 ans, la société en commandite Gaz Métropolitain, meilleur actif de la SOQUIP et championne de la distribution du gaz au Québec. Hydro-Québec revient ainsi dans le marché du gaz plus de 20 ans après avoir transféré ses derniers permis d'exploration à la SOQUIP. Caillé s'entoure d'une équipe de direction triée sur le volet, composée entre autres de son poulain Thierry Vandal, un des nombreux cadres qui le suivent de Gaz Métro à Hydro-Québec. Ex-directeur de la commission politique du PLQ sous Robert Bourassa, Vandal hérite de la division Production avant d'être promu grand patron et successeur d'André Caillé en avril 2005.

En 2003-2004, cette équipe de direction planifie la construction de 12 centrales thermiques qui produisent de l'électricité grâce au gaz naturel, et initie également le projet du port méthanier de Rabaska, une infrastructure qui permet le commerce par bateau du gaz naturel liquéfié. Pas de doute, les « hommes du gaz » contrôlent bien Hydro-Québec.

Sous la gouverne de ses nouveaux dirigeants, la société d'État devient rapidement une machine à fabriquer de l'argent. Dès 1997, elle commence à vendre une partie de son électricité aux États-Unis et à diversifier ses actifs avec d'autres acquisitions dans le gaz, notamment « une participation importante dans Enbridge, le plus grand transporteur pétrolier du monde et le plus important

3. Benoit Nadeau, « Le plan Caillé », *L'Actualité*, vol. 22, no 15, 1er octobre 1997, p. 16.

distributeur gazier du Canada[4] ». Du gouffre de 390 millions de dollars en 1996, son bénéfice net double dès l'année suivante. D'aucuns saluent le talent de gestionnaire de l'homme au fameux col roulé, récipiendaire en 1997 du titre de « personnalité de l'année » du journal *Les Affaires*. Sept ans après son arrivée à la tête d'Hydro-Québec, la société affiche un bénéfice net de 1,5 milliard en 2002, en route vers le record de trois milliards de 2009. André Caillé et son équipe font d'Hydro-Québec la vache à lait de l'État telle qu'on la connaît aujourd'hui.

Dès 1996, les Québécois apprennent à connaître « Sa Vélocité André Caillé ». (Selon le reportage d'octobre 1997 réalisé par Benoît Nadeau, « Vélocité, c'est le surnom que les employés d'Hydro-Québec ont donné à leur nouveau président ! ».) Les décisions sont prises sans appel. Le nouveau patron n'est guère un spécialiste de la communication, qu'elle se déroule avec ses 22 000 nouveaux employés ou avec l'ensemble des Québécois. Mais ses succès commerciaux le placent au-dessus de tout reproche, un attrait qu'il cimente grâce au rôle de premier plan qu'il joue dans la crise du verglas de 1998.

Le transfert à Hydro-Québec de la propriété de Noverco tue la SOQUIP, l'incubateur québécois d'expertise dans le pétrole et le gaz depuis 27 ans. Tout le savoir-faire de l'État en la matière réside désormais chez Hydro-Québec et, en 1998, Lucien Bouchard transforme la SOQUIP en filiale de la Société générale de financement (SGF), où elle conserve un conseil d'administration mais devient vite une coquille vide. « Les projets en gaz ont déménagé, explique Renaud Lapierre. Par exemple, quelqu'un comme Richard Fredette, vice-président développement de la SOQUIP, conserve son titre de VP à la SGF mais ne fera plus rien en pétrole et en gaz. »

4. Hydro-Québec. « Plan stratégique 2004-2008 », octobre 2003, p. 21.

L'exploitation de Gaz Métropolitain continue d'être très rentable sous la férule d'Hydro-Québec, avec des profits records de 154 millions de dollars en 2003. L'année suivante, Hydro-Québec liquide pourtant ses 42 % de participation majoritaire dans Noverco. « Il faut dire que quand cette folie est commise, en 2004, les libéraux ont demandé 800 millions de dollars à Hydro-Québec pour éviter un déficit budgétaire, précise Renaud Lapierre. Pour dégager cette somme, deux ou trois actifs sont vendus, dont Gaz Métropolitain et des participations au Chili. »

L'expertise développée à coups de millions de dollars par l'État québécois commence à se dissoudre. Ne reste plus qu'Hydro-Québec Pétrole et Gaz, une division formée en 2002 à la demande du gouvernement péquiste de Bernard Landry. Pour relancer l'exploration des hydrocarbures abandonnée par la SOQUIP en 1984, André Caillé accepte alors d'investir 300 millions sur huit ans. Mais l'aventure est de courte durée. Le président de la division, Jean Guérin, quitte son poste en plein été 2006 sans être remplacé. Le chef de l'exploration, Peter Dorrins, géologue au service de la division depuis ses débuts, est recruté en septembre par Junex, une gazière junior québécoise dirigée par un ex-ingénieur pétrolier de la SOQUIP, Jean-Yves Lavoie.

Le gaz sort définitivement du giron de l'État québécois en 2007 quand Thierry Vandal, devenu grand patron d'Hydro-Québec, met la clé de la division sous la porte. Alors que seulement 30 des 300 millions de dollars promis ont été investis, tous les permis d'exploration d'Hydro-Québec Pétrole et Gaz sont cédés à de jeunes compagnies privées telles que Petrolia et Gastem. Depuis lors, impossible de connaître la valeur de ces ententes, puisque leurs termes sont jalousement tenus secrets. Autant le gouvernement libéral que le président Vandal, ex-directeur de la commission politique du PLQ, refusent de les dévoiler.

Ce retrait complet de l'État dans le secteur du gaz naturel coïncide avec la publication de la stratégie énergétique du PLQ,

L'énergie pour construire le Québec de demain. Au pouvoir depuis 35 mois, le gouvernement de Jean Charest rend public ce document en mai 2006, dont la couverture est illustrée d'un barrage hydroélectrique, d'un champ d'éoliennes et du slogan « Briller parmi les meilleurs » aux couleurs du logo du PLQ. L'accent y est mis sur l'accroissement de la production d'hydroélectricité mais un court passage, aux pages 87 et 88, identifie les compagnies Junex, Gastem, Petrolia et Talisman Energy comme celles ayant annoncé « plusieurs investissements majeurs » dans le secteur du gaz naturel.

Là encore, l'attention n'est pas focalisée sur le gaz, mais bien sur le pétrole que renfermeraient les profondeurs du Saint-Laurent. En effet, dès le début de la page 89, il est écrit que « le potentiel en hydrocarbures du golfe et de l'estuaire du Saint-Laurent demeure tout de même celui qui présente le plus d'intérêt », après quoi il est précisé qu'« il doit être clair qu'advenant des découvertes économiquement exploitables, le gouvernement respectera pleinement les règles du marché et de la libre entreprise ».

Si des hydrocarbures sont exploités au Québec, il y a toutes les chances que ce soit le pétrole du golfe, disent en substance les libéraux en mai 2006. Mais c'est bien au gaz que contient le *shale* d'Utica que s'intéresse dès lors l'industrie. Pas du gaz naturel comme celui jadis exploité par la SOQUIP à Pointe-du-Lac et Saint-Flavien, mais plutôt une ressource non conventionnelle dont les techniques d'extraction peu documentées comportent leur lot d'incertitudes.

Mais ça, le gouvernement libéral dirigé par Jean Charest se garde de le dire aux Québécois en mai 2006. Les mots « schiste » ou « *shale* » n'apparaissent d'ailleurs nulle part dans l'ensemble du document intitulé *L'énergie pour construire le Québec de demain*.

CHAPITRE II

Des chiffres et des risques

« La critique peut être désagréable, mais elle est nécessaire. Elle est comme la douleur pour le corps humain : elle attire l'attention sur ce qui ne va pas. »

WINSTON CHURCHILL

Depuis 450 millions d'années, du gaz naturel composé à 95 % de méthane est emprisonné dans le sous-sol du Québec à l'intérieur du schiste, une couche de roches sédimentaires argileuses.

Plus de 600 de ces formations rocheuses sont répertoriées sur la planète, dont plusieurs des plus connues se situent dans le sous-sol de l'Amérique du Nord et se nomment Barnett, Marcellus, Bakken et Montney. En plein cœur des États-Unis, sous une partie du Colorado, de l'Utah et du Wyoming, la formation de Green River détient le titre du plus gros dépôt de roches gazières du monde, selon le gouvernement états-unien.

Ici, le gaz de schiste[1] est emprisonné dans le *shale* d'Utica, une formation rocheuse des basses terres du Saint-Laurent située dans le sous-sol d'une région où habitent plus de deux millions de Québécois. À en croire une étude réalisée par la firme SECOR pour le compte de l'Association pétrolière et gazière du Québec (APGQ), le bassin contient suffisamment de gaz pour qu'y soit produite dès 2016 une quantité pouvant combler de 50 à 100 % des besoins du Québec. Rendue publique en octobre 2010 et réalisée dans le courant de 2009, cette étude est la base de la campagne de marketing lancée par l'APGQ. Ce lobby gazier, officiellement formé en avril 2009, ne cesse depuis de claironner que l'exploitation du *shale* d'Utica pourrait générer une activité économique de l'importance de celle du projet de la Baie-James.

SECOR établit le seuil de rentabilité de l'industrie gazière entre 100 et 150 puits forés par année au Québec. Ce scénario de base créerait, d'ici 2015, au moins 5000 emplois et 250 millions de dollars de retombées, l'équivalent du budget d'exploitation du campus de l'Université du Québec à Montréal. Dès 2016, le scénario optimiste fixe le nombre de puits forés à 600 par année, la création d'emplois à 19 000 et les retombées à un milliard de dollars.

Le ministère des Ressources naturelles et de la Faune (MRNF), gestionnaire du sous-sol québécois, y voit une occasion inespérée de s'enrichir collectivement. À la tête du MNRF depuis juin 2009, Nathalie Normandeau ne se gêne pas pour afficher publiquement son « préjugé favorable » envers l'industrie gazière. « La décision remonte à 2006, dit-elle. Pour redistribuer la richesse,

1. L'expression *gaz de shale* est un calque de l'anglais *shale gas*. Elle a été récemment proposée par des spécialistes qui utilisent le terme *shale*, plutôt que schiste, pour désigner la roche sédimentaire de laquelle peut être extrait le gaz naturel. Puisque schiste est également employé par plusieurs spécialistes québécois et européens en parlant de la roche gazéifère, l'emploi de l'expression *gaz de shale*, qui n'est pas implantée et encore moins généralisée, ainsi que l'emprunt intégral *shale gas*, sont déconseillés en français. (Office québécois de la langue française, 2011.)

il faut d'abord la créer et si on aspire à maintenir nos services et nos acquis au Québec, il faut impérativement jouer sur les revenus. » Le fonctionnaire chargé du dossier à la Direction générale du développement des hydrocarbures, Jean-Yves Laliberté, est également favorable à la filière gazière. « Plusieurs indications nous laissent croire que les *shales* de l'Utica pourraient représenter une ressource de classe mondiale susceptible d'entraîner des investissements de plusieurs milliards de dollars, ainsi que la création de milliers d'emplois pour le Québec », a-t-il souvent écrit et répété. Le MRNF estime la valeur de ces emplois à une moyenne annuelle de 70 000 dollars, soit plus du double du salaire moyen au Québec.

Le gouvernement libéral de Jean Charest prévoit que si des entreprises privées exploitent 25 % du potentiel gazier du *shale* d'Utica, ce sont de 9 à 40 billions[2] de pieds cubes de gaz naturel qui les attendent, soit 200 fois la consommation annuelle du Québec, estimée à 200 milliards de pieds cubes. Le MRNF a pour cela, sans prévenir, vendu des permis d'exploration à la junior québécoise Junex ainsi qu'aux gazières étrangères Gastem, Questerre, Talisman, Molopo et consorts.

Les livres du MRNF datés d'octobre 2010 révèlent que 12 entreprises possèdent 121 permis d'exploration couvrant 20 000 kilomètres carrés de terrains à 93 % privés, sur lesquels se trouvent les meilleures terres agricoles du Québec. Conformément à l'article 11 de la Loi sur les mines, l'émission de ces permis a eu lieu grâce à un registre de droits sur les hydrocarbures, constitué par le MRNF en mai 2006 à la demande des libéraux.

Bien que la stratégie *L'énergie pour construire le Québec de demain* annonce que « le contexte géologique [du Québec est] favorable à la présence de gisements pétroliers et gaziers », c'est l'élec-

2. Un billion correspond à mille milliards.

tricité qui capte alors toute l'attention, autant de la presse que des experts en énergie.

Au royaume des grands barrages, la consommation d'électricité ne cesse de croître depuis 30 ans, si bien que les Québécois occupent aujourd'hui le deuxième rang mondial de consommation par habitant. Le territoire baigne dans une telle mare de courant qu'Hydro-Québec a reconnu trop en produire lorsqu'elle a suspendu les activités d'une centrale thermique de 500 mégawatts en janvier 2008, un type d'usine qui brûle du gaz naturel pour produire de l'électricité.

L'implantation de la filière thermique remonte à l'arrivée des libéraux au pouvoir en 2003. Hydro-Québec et le MRNF anticipent alors une crise de l'énergie et prévoient manquer d'électricité. Convaincu que la nouvelle filière est essentielle pour combler les besoins énergétiques des Québécois, le président de la société d'État, André Caillé, dirige le projet Suroît. Pour 550 millions de dollars, il ambitionne de construire une première centrale de 836 mégawatts à Beauharnois dès 2004. Avec les ingénieurs d'Hydro-Québec, deux Québécois sur trois s'opposent au projet et se mobilisent pour faire reculer le gouvernement, qui commande d'abord un rapport à la Régie de l'énergie puis abandonne finalement le projet. Le Suroît et les centrales thermiques étaient au cœur de la « réingénierie » de l'État des libéraux, une rhétorique par laquelle ils souhaitaient moderniser l'État du Québec et qui va contribuer à faire passer le gouvernement Charest sous la barre des 30 % de satisfaction durant la majeure partie de son premier mandat.

À la demande d'Hydro-Québec et de son président, c'est plutôt à Bécancour qu'est construite la première centrale thermique en 2004. La tâche est confiée au secteur privé et l'entreprise albertaine TransCanada Corp. investit 500 millions de dollars pour ériger une usine de 500 mégawatts. La production d'électricité y débute en 2006, mais la crise de l'énergie anticipée n'a pas lieu. Aux prises avec un surplus d'énergie, Hydro-Québec suspend la production de l'usine de Bécancour le 1er janvier 2008. En vertu du contrat qui lie les deux parties jusqu'en 2026, la société d'État dédommage depuis l'entreprise à raison de 150 à 200 millions de dollars par année. À ce rythme, Hydro-Québec déboursera entre 2,9 et 3,8 milliards de dollars. En regard des 250 millions de dollars de retombées que promet l'APGQ jusqu'en 2015, c'est déjà au moins 450 millions de dollars qu'Hydro-Québec a payés à TransCanada Corp. depuis 2008 pour empêcher sa centrale thermique de produire de l'électricité.

Au Québec, l'or bleu domine l'or noir puisque l'hydroélectricité compte pour plus de 40 % de toute l'énergie consommée et le pétrole pour moins de 40 %. Ce bilan énergétique est complété par le gaz naturel (11 %) et la biomasse (9 %), une énergie tirée essentiellement de déchets forestiers, urbains et agricoles. Inondés d'électricité, les voraces consommateurs d'énergie que sont les Québécois utilisent relativement peu de gaz si on compare les 11 % du bilan aux 20 % de l'Ontario, par exemple.

À l'instar du pétrole, le Québec importe la totalité de son gaz naturel, ce qui lui coûte deux milliards de dollars par année selon le MRNF. Ce gaz est produit dans l'Ouest canadien et nous arrive via l'unique système de pipelines qui alimente tout le Canada en gaz et qui appartient à la même TransCanada Corp. L'entreprise basée à Calgary est une géante du secteur avec plus de 55 000 kilomètres de pipelines à travers le Canada, les États-Unis et le Mexique. Son plus récent projet, Keystone XL, est la construction d'un oléoduc de 2700 kilomètres entre l'Alberta et les rives du golfe du Mexique, au Texas. Évalué à 13 milliards de dollars, le tracé permettrait de commercialiser le pétrole des sables bitumineux de l'Alberta aux États-Unis.

Le Québec dépend donc entièrement de l'étranger pour se procurer les hydrocarbures qui comptent pour 50 % de son bilan énergétique. La situation affecte en premier lieu le secteur industriel qui consomme plus de la moitié du gaz importé au Québec. Certains gros joueurs tels Rio Tinto Alcan et Cascades dépendent entièrement de cette ressource pour alimenter leur production. Plus du tiers sert également à chauffer les commerces québécois. Les 11,5 % restants sont utilisés par les plus de 220 000 ménages québécois qui chauffent leur logement au gaz, soit environ 10 % des foyers du Québec. À l'ouest, dans la froide Alberta, ce sont plus de sept foyers sur dix qui chauffent leur habitation au gaz.

Les gens ne sont ici en contact avec les hydrocarbures que lorsqu'ils font le plein de leurs voitures, font cuire un steak ou payent leurs factures. La culture des énergies fossiles est inexistante, contrairement à l'Alberta où l'on enseigne l'histoire de l'industrie du pétrole et du gaz au secondaire et où l'on fait même l'éloge des derricks et du gaz naturel dans la chanson officielle, *Alberta*.

Grâce à l'Ouest, le Canada est devenu le troisième producteur mondial de gaz naturel, troisième source d'énergie de la planète après le pétrole et le charbon. En cette ère de développement durable, plusieurs gouvernements, dont celui du Canada, considèrent le gaz comme un combustible « de transition » qui permet à court terme de réduire les émissions de gaz à effet de serre (GES). Même Greenpeace recommande « que [le] gaz naturel remplace temporairement des énergies fossiles (charbon, pétrole) plus émettrices de GES que le gaz ».

Le rapport de SECOR se lit donc comme un conte de fées. Une ressource plus propre que le pétrole et le charbon serait produite ici, réduisant la dépendance énergétique du Québec tout en diminuant son empreinte écologique. Mais de quoi aurait l'air cette exploitation ?

Non conventionnel

Au même titre que le pétrole des sables bitumineux ou celui en haute mer, le gaz de schiste est une ressource non conventionnelle, ce qui signifie que son extraction nécessite des méthodes peu orthodoxes.

Contrairement au gaz naturel accumulé dans des dépôts au fil de plusieurs millions d'années, le gaz de schiste ne s'est jamais libéré de la roche. On doit donc fracturer celle-ci pour qu'elle se fissure et libère le gaz : c'est la fracturation hydraulique. Cette opération d'ingénierie développée depuis 1980 aux États-Unis consiste à injecter à très haute pression dans un puits un liquide composé d'eau, de produits chimiques et de sable. Selon Questerre Energy chaque *frack* nécessite environ 11,5 millions de litres d'eau, 30 000 litres d'additifs chimiques et 12 000 tonnes de sable.

La recette exacte de cette soupe toxique demeure un secret commercial. Par souci de transparence, des gazières états-uniennes ont publié une liste de 61 produits pouvant y être utilisés, comme l'hypochlorite de sodium qui, mélangé à un acide, cause des vapeurs de chlore très toxiques. Un rapport préliminaire du Congrès américain établit que le liquide de fracturation peut contenir « 750 substances chimiques [...], dont 29 connues pour être cancérigènes, ou suspectées comme telles, ou représentant des risques pour la santé et l'environnement ». Professeur en géologie à l'UQAM, Alfred Jaouich s'inquiète du manque d'études sur les effets combinés de ces composés. « On peut parler d'un cocktail chimique : sans vouloir alerter les gens, il y a quand même des risques, et ce sont loin d'être des produits inoffensifs, a-t-il expliqué à la journaliste Jessica Nadeau, de *Rue Frontenac*. Et même prises séparément, certaines de ces substances peuvent être dangereuses et cancérigènes. » Le contenu exact de ce mélange dépend de la composition des roches gazières et peut varier d'un puits à l'autre.

Contrairement aux mines de fer du Grand Nord, les forages gaziers s'effectueront principalement dans les régions de

Chaudière-Appalaches, du Centre-du-Québec et de la Montérégie, où habitent plus du quart des 7,7 millions de Québécois et où se trouvent plus de 16 000 exploitations agricoles. C'est donc au cœur du grenier du Québec que l'on injectera peut-être des millions de litres de produits chimiques dans le sous-sol.

Une piscine olympique contient 20 000 litres d'eau. Lors d'une année où seraient forés 600 puits au Québec, la soupe toxique que les gazières injectent à 2000 mètres dans le sous-sol équivalerait à un minimum de 360 000 piscines olympiques d'eau mélangées à 900 piscines olympiques de produits chimiques. Avant de *fracker* un puits, encore faut-il le forer à l'aide de matériel dont le transport nécessite 400 voyages de camions lourds. Au total, pour 600 puits par année, c'est déjà 240 000 voyages de ces camions que l'industrie ajouterait au bilan routier. Pour acheminer les quantités astronomiques de liquides de fracturation vers ces 600 puits, ce sont 288 000 autres voyages de camions-citernes d'une capacité de 24 000 litres qu'il faudrait ajouter au bilan. Puisque ces boues doivent être traitées, c'est encore d'autres véhicules lourds qui les transporteraient vers les centres d'épuration d'eau. En période d'exploitation commerciale, on parle donc de plus de 600 000 voyages de mastodontes par année sur les routes du Québec.

En septembre 2010, *Le Devoir* a révélé que PepsiCo utilisait l'eau du robinet de Montréal depuis plus d'un an pour remplir ses bouteilles d'Aquafina et fabriquer le Pepsi et le 7UP. Pour les plus de 540 millions de litres d'eau que la compagnie américaine s'est ainsi appropriés, l'administration municipale a indiqué lui avoir facturé 526 816 dollars, soit environ un dollar par 1000 litres d'eau.

Les gazières, elles, doivent débourser sept cents par 1000 litres d'eau. Depuis août 2009, l'industrie doit comptabiliser et déclarer elle-même ses prélèvements d'eau, puisqu'elle est assujettie au Règlement sur la déclaration des prélèvements d'eau, ce qui fait monter la facture pour un *frack* à près de

1000 dollars. Les gazières comptent puiser la ressource dans les lacs et les rivières du Québec, mais aussi dans les eaux souterraines, ou se la procurer auprès d'une municipalité. On ne connaît pas, au Québec, les quantités précises d'eau de surface et d'eau souterraine disponibles. Par contre, selon une étude publiée en 2010 par le ministère du Développement durable, de l'Environnement et des Parcs, « les nappes phréatiques des basses-terres du Saint-Laurent ne seraient pas assez productives pour fournir les volumes d'eau requis lors des étapes de fracturation ».

Une partie de cette eau injectée dans le sous-sol finit par remonter à la surface. Selon le Bureau d'audiences publiques sur l'environnement (BAPE), c'est de 30 à 70 % de ces boues qui sont récupérées dans les différentes formations de schiste aux États-Unis. Au Québec, l'APGQ prétend que le *shale* d'Utica permet de récupérer 50 % du liquide dans les six mois suivant la fracturation, c'est-à-dire environ six millions de litres par *frack*.

Les gazières entreposent d'abord ces boues dans des bassins de décantation situés à proximité du puits. Des citoyens craignent que leur évaporation affecte leur santé ou celle des sols car, advenant la dégradation ou l'apparition de fuites dans ces bassins, la soupe toxique pourrait contaminer des terres avoisinantes – souvent agricoles. Une fois décantées, les boues sont transportées vers des usines de traitement des eaux. « Au Québec, il n'y a pas de données disponibles sur l'efficacité des traitements au niveau municipal ou industriel pour éliminer l'ensemble des contaminants contenus dans cette eau », écrivent les commissaires du BAPE. La décision de traiter ou non ces boues revient aux municipalités, puisque le ministère de l'Environnement n'a pas à intervenir.

Trois-Rivières est la seule municipalité qui accepte ces boues au Québec et, depuis 2008, l'usine d'épuration de la ville en traite en moyenne 15 millions de litres par été. « Notre spécialiste dit que c'est comme de l'eau de vaisselle, affirme Yvan Toutant, agent d'information à la Ville de Trois-Rivières. Notre bassin est grand et c'est très facile à traiter. » Depuis 2008, Talisman Energy envoyait aussi une partie de ces boues à Drummondville. Mais en 2010, le conseil municipal a refusé de continuer à les traiter, ce qui a permis à Trois-Rivières d'augmenter son tarif. De 50 000 dollars qu'elle facturait à Talisman en 2008, la Ville obtient maintenant 195 000 dollars par année. « À Drummondville, ils sont allés chercher du capital politique et nous, on est allé chercher l'argent, explique M. Toutant. S'il y en a d'autres qui veulent signer avec nous, on va les prendre. »

Est-ce que des millions de litres de produits chimiques seront ainsi ajoutés aux cours d'eau du Québec ? « Une dilution pour des composés comme le chlorure ou le sodium, c'est bien, a expliqué à Radio-Canada Yves Comeau, ingénieur et professeur à l'École polytechnique. Par contre, pour les agents de contamination qui sont toxiques, ça ne les détruit pas, ça ne fait simplement que les diluer. Est-ce que la dilution est une solution à la pollution ? Normalement, non. » Même si seulement 11 usines se disent capables de traiter ces eaux et qu'une seule, celle de Trois-Rivières, effectue ce travail, l'APGQ assure que le Québec ne court aucun risque. Le lobby explique que la composition du *shale* d'Utica fait en sorte que les eaux récupérées contiennent peu de sels, de contaminants externes et de produits radioactifs. La commission du BAPE affirme pour sa part qu'« en vertu du principe de précaution, le ministère du Développement durable, de l'Environnement et des Parcs devrait interdire tout additif chimique dans les eaux de fracturation pour lequel les risques pour l'environnement ou la santé ne peuvent être évalués ou qui pourrait présenter un risque ».

Mais encore ?

En Pennsylvanie, le premier puits de gaz de schiste a été foré en octobre 2004 dans le *shale* de Marcellus. Quatre ans plus tard,

195 puits y ont été creusés, puis 768 en 2009 et 1100 autres en 2010. Dès 2008, la production de gaz de schiste y est de 198 milliards de pieds cubes, soit exactement la consommation annuelle du Québec. Des chercheurs de la University of Pennsylvania estiment que la production continuera de croître et atteindra 900 milliards de pieds cubes en 2011, ce qui permettrait à la Pennsylvanie de cesser d'importer la ressource. Les estimations les plus optimistes placent la production totale du *shale* de Marcellus à 6,6 billions de pieds cubes dès 2020, permettant à l'Amérique du Nord d'acquérir une indépendance complète en gaz naturel.

Depuis que la Pennsylvanie a ouvert les vannes de l'exploitation du gaz de schiste, le nombre d'inspecteurs de son département de Protection environnementale est passé de 26 à 126 dans le secteur. Ceux-ci ont relevé pas moins de 1435 infractions aux lois et règlements de l'État par 43 compagnies opérant dans le *shale* de Marcellus pour une période de deux ans et demi débutant le 1er janvier 2008. Sur ce nombre, plus de 250 infractions avaient trait à la pollution des cours d'eau causée autant par les travaux de forage que par la construction de routes et de pipelines. Plusieurs aussi concernaient l'impact des boues de forage sur les cours d'eau et visaient les bassins de décantation, dont l'efficacité est remise en question. La filiale états-unienne de Talisman Energy, la même qui exploite plusieurs puits au Québec et qui finance le salaire du président de l'APGQ, Lucien Bouchard, n'est pas épargnée par les inspecteurs du DPE. Sur les 121 puits qui appartiennent à l'entreprise, 65 ont été mis en infraction.

Alors qu'est produit dans cet État suffisamment de gaz pour alimenter tout le Québec et même plus, le bilan environnemental de la production de gaz de schiste en Pennsylvanie soulève donc des doutes.

Le Québec pourrait-il connaître le même genre d'exploitation avec le *shale* d'Utica ?

Absolument, si l'on s'en remet à l'APGQ et au gouvernement libéral qui dirige le Québec depuis 2003. « Il est à prévoir que la peur épidermique du citoyen face à tout ce qui est appelé hydrocarbure, une contrainte sociale qui se fera de plus en plus insistante, devienne un des freins à l'exploration », écrit dans un avis d'expert daté de 2004 le géologue de l'Université Laval, Pierre André Bourque.

Cette peur est aujourd'hui bien réelle au Québec.

CHAPITRE III

Le rôle des États-Unis

« La protection de l'environnement peut être un signe de vertu personnelle, mais ce n'est pas une base suffisante pour une politique énergétique complète. »

DICK CHENEY

Les bonnes nouvelles sont plutôt rares dans le monde de l'énergie. Le prix des ressources premières augmente sans cesse et la planète en consomme davantage chaque année. Les relations internationales sont compliquées par une situation qui voit la majorité des nations dépendre de certaines autres pour leur approvisionnement en hydrocarbures. Le pétrole, le charbon et le gaz naturel sont trois combustibles qui comptent pour plus de 60 % du bilan énergétique mondial et qui rendent la lutte contre les changements climatiques très difficile. L'énergie est à la fois un marché très lucratif et une grande source de conflits.

Ce sombre tableau s'illumine quand l'exploitation du gaz de schiste cesse définitivement d'être expérimentale. Après 55 mois à la tête des États-Unis, le vice-président Dick Cheney se fait alors l'architecte d'une loi sur l'énergie que promulgue son patron George W. Bush le 8 août 2005. « Je suis sûr qu'un jour, les Américains considèreront cette loi comme un pas essentiel vers une nation plus sûre et plus prospère, moins dépendante des sources d'énergie étrangères », déclare le président.

Dick Cheney est loin d'être en terrain inconnu sur les questions énergétiques. Pendant 54 mois, il est le puissant PDG d'Halliburton, deuxième fournisseur mondial de services aux compagnies pétrolières, avant de liquider, en août 2000, ses actions dans l'entreprise, d'empocher 30 millions de dollars et d'accéder à la Maison-Blanche en janvier 2001. Avec sa loi de 2005, l'ex-baron du pétrole dérèglemente l'industrie gazière aux États-Unis. Il lance les entreprises à l'assaut du schiste en leur permettant de protéger leurs brevets, dont fait partie le mélange de produits chimiques contenu dans le liquide de fracturation.

Des compagnies naissent, signent des ententes, sont rachetées et forent des milliers de puits. La concurrence est stimulée et la production de gaz naturel, ravivée. Celle-ci fait un bond de 11 % entre 2007 et 2009. Cette année-là, le pays pulvérise son record de production établi en 1973. Le pays nage officiellement dans le gaz naturel. Les réserves de gaz sont à des niveaux jamais atteints, selon le Potential Gas Committee qui compile ce genre de données depuis 44 ans. La stratégie du tandem Bush-Cheney fonctionne : le pays est moins dépendant des sources d'énergie étrangères.

L'enthousiasme gagne la planète. Le gaz naturel qui inonde le marché fait rêver à la diminution des tensions internationales. L'explosion de cette filière « propre » fait naître l'espoir pour plusieurs États, qui envisagent de modifier leur politique énergétique. L'abondance de gaz leur permettrait de construire des centrales thermiques et de produire de l'électricité plus propre en remplaçant leurs polluantes centrales au charbon. Même le parc automobile pourrait un jour carburer à cette ressource.

Le gaz de schiste est la meilleure nouvelle sur le marché de l'énergie depuis longtemps.

Le *wildcatter* originel

Un *wildcatter* est un prospecteur qui s'intéresse aux régions délaissées par la majorité de ses concurrents, exactement ce que fait George Mitchell dès 1981 dans le *shale* de Barnett, au Texas. Sa compagnie, Mitchell Energy, commence alors à investir de larges sommes dans le but d'exploiter commercialement le gaz emprisonné dans la roche. Ses confrères de l'industrie trouvent ses idées loufoques et se paient sa tête. Aujourd'hui, le richissime Texan est qualifié de « père du gaz de schiste » par *Forbes*, la bible états-unienne de l'économie.

Le *wildcatter* fonde Mitchell Energy en 1946 avec son frère. Son rôle est d'étudier les cartes géologiques pendant que l'autre rencontre les investisseurs potentiels. Les deux frères forent avec acharnement le nord du Texas à la recherche de pétrole et de gaz et finissent par en trouver. Dès le milieu des années 1950, l'entreprise basée à Houston signe un contrat de longue durée à Chicago qui lui permet de développer une bonne base de clients et de bâtir un réseau de pipelines. Mais Mitchell est inquiet de perdre son investissement dans l'infrastructure si ses gisements de gaz naturel s'épuisent. Dès la fin des années 1970, il se met en quête d'autres sources de gaz.

La géologie enseigne que les hydrocarbures enfouis sous la terre se libèrent naturellement de la roche dont ils proviennent et qu'ils s'accumulent dans des dépôts, des sortes de grosses poches hermétiques. Pour exploiter un de ces dépôts, une compagnie n'a qu'à le trouver, percer la roche et pomper le gaz ou le pétrole. Ce processus fort simple est à l'origine de l'exploitation du pétrole et du gaz telle qu'on se l'imagine. Un bon vieux derrick dans le désert, Lucky Luke ou Clint Eastwood non loin.

Ce portrait est plus ou moins celui de l'industrie des années 1970. Les formations de schiste sont alors perçues comme l'antichambre des hydrocarbures, là où se forment les dépôts qui seront ensuite identifiés et exploités. On se dit que le gaz ne s'est toujours pas libéré de la roche après 450 millions d'années, mais que ce sera assurément le cas un jour. George Mitchell aspire à changer cette conception et veut fracturer la roche pour la forcer à relâcher son gaz.

Le gaz de schiste est né.

La corporation Halliburton que dirigeait Dick Cheney à la fin des années 1990 est celle qui, dès 1949, développe la technique de la fracturation. Pour exploiter ce qu'elle nomme ces « dépôts non conventionnels de gaz », l'entreprise fracture la roche à l'aide de propane, de diesel ou de CO_2 liquéfié, et devient une des premières à utiliser la technique à des fins commerciales. La fracturation, une opération d'ingénierie qui a donc tout juste 60 ans, inspire depuis ce temps les *wildcatters* qui rêvent de forcer les différentes roches du sous-sol de l'Amérique du Nord à libérer leurs trésors. Ils investissent en ce sens d'énormes sommes de capitaux à haut risque afin de réinventer la fracturation et de découvrir de nouveaux gisements à exploiter.

Pionnière de la fracturation, Halliburton inspire George Mitchell au tournant des années 1980. Contre l'avis des géologues de Mitchell Energy et de son conseil d'administration, le *wildcatter* persiste à croire que la roche du *shale* de Barnett situé sous son Texas natal n'est pas trop poreuse pour y exploiter le gaz. Il pense plutôt qu'elle a beaucoup à offrir.

Ses efforts finissent par payer de belle façon. Au terme de 20 ans d'essais et d'erreurs, la composition de sa soupe toxique est finalement au point. En 2001, Mitchell Energy développe enfin une technique de fracturation hydraulique appliquée au *shale* de Barnett qui lui permet d'exploiter la ressource de manière rentable. Le prix du gaz naturel sur les marchés se situe alors aux alentours de dix dollars. Grâce aux larges investissements et aux puits forés par l'entreprise, la production de gaz naturel dans le *shale* de Barnett est multipliée par cinq entre 2000 et 2005, ce que ne manque pas de remarquer Dick Cheney.

En 2002, George Mitchell vend l'entreprise qu'il a fondée en 1946 pour la somme de 3,1 milliards de dollars à Devon Energy. Tout de suite après, cette dernière développe la technique des puits horizontaux qui permet de forer de 6 à 12 puits simultanément grâce à une plateforme d'environ 2,25 hectares. Les coûts d'exploitation sont drastiquement réduits et la production des puits de gaz de schiste que gère Devon triple.

L'industrie du gaz de schiste est née.

Quand les majors s'en mêlent

En 2006, l'économie mondiale roule à pleins gaz et affiche une croissance élevée trimestre après trimestre. L'euro est à son plus fort, la bulle immobilière n'a pas encore éclaté aux État-Unis et les pays émergents tels que la Chine, l'Inde et le Brésil se portent à merveille. La demande en énergie augmente à un rythme effréné. Les sociétés qui dominent la production mondiale, les majors, sont incapables d'accroître la cadence et les prix grimpent rapidement. Ils atteignent un seuil critique en juillet 2008, alors que le baril de pétrole se négocie à 140 dollars et qu'il faut payer 13 dollars pour 1000 pieds cubes de gaz naturel. Plusieurs pays sont vulnérables devant la crise qui fait vaciller leur économie et les experts se mettent à parler de bulle de l'énergie.

Incapables d'augmenter la production, les majors se tournent alors vers le gaz de schiste. Elles capitalisent ainsi sur les efforts déployés par Mitchell Energy depuis 1981, mais elles profitent surtout du développement rapide de l'industrie du gaz de schiste permis par l'adoption de la loi de Dick Cheney en août 2005.

Il existe 15 000 puits dans tous les États-Unis en 2005. Deux ans plus tard, près de 5000 puits sont forés lors de la seule année 2007 et l'exploitation se propage aux formations du *shale* de Fayetteville dans l'Arkansas, de Haynesville en Louisiane, et de

Marcellus, situé principalement en Pennsylvanie et dans l'État de New York. Selon le gouvernement états-unien, la production de gaz de schiste passe de 1293 milliards de pieds cubes en 2007 à 2116 milliards en 2008, et à un record de 3110 milliards un an plus tard.

En 2009, Halliburton enregistre des résultats inattendus et triple ses profits tirés de l'exploitation du gaz de schiste. La même année, Exxon Mobil se met aussi de la partie et réalise sa plus importante acquisition de la décennie avec l'achat de XTO Energy pour la somme de 41 milliards de dollars. Basée à Houston, au Texas, XTO est une *wildcat* spécialisée dans l'exploitation du schiste et la fracturation hydraulique qui, avec Chesapeake Energy et Southwest Energy, domine le marché états-unien. Dès 2010, Exxon Mobil devient l'entreprise la plus profitable de la planète avec 20 milliards de dollars de profits.

Devant cette production de plus de 3000 milliards de pieds cubes en 2009 aux États-Unis et les profits des majors dopés au schiste, le Québec entre dans la ronde. La majorité des Québécois entendent alors parler du gaz de schiste pour la première fois. En avril 2009, le lobby gazier voit officiellement le jour avec la création de l'Association pétrolière et gazière du Québec (APGQ). Mais l'exploration y a déjà commencé. Des puits y sont même déjà forés et fracturés.

CHAPITRE IV

Maîtres chez nous ?

« L'ère du colonialisme économique est finie au Québec. »

JEAN LESAGE

Quand l'exploitation du gaz de schiste prend son envol aux États-Unis fin 2005, l'enthousiasme gagne des pays comme la Pologne, la France et le Canada.

Le succès technologique et commercial de cette activité inspire la planète et le Québec ne fait pas exception. C'est sans tambour ni trompette que le gouvernement Charest lance la balle dès mai 2006 avec la publication de *L'énergie pour construire le Québec de demain*, sa stratégie énergétique pour la période 2006-2015.

Immédiatement, l'industrie se précipite sur les permis d'exploration : Junex, Gastem, Talisman, Questerre et d'autres gazières étrangères commencent à *claimer* le territoire. Ce terme anglais provient de notre Loi sur les mines en vigueur depuis 1880. Basée sur le *free mining*, elle permet à quiconque de se porter acquéreur du droit exclusif sur le sous-sol, un droit de propriété qui domine tous les autres, incluant celui du terrain. À cette fin, la loi prévoit l'élaboration d'un registre de droits sur les hydrocarbures par le MRNF, ministère qui doit mettre les ressources du Québec en valeur. C'est ce qui est fait dès mai 2006. Jusqu'à octobre 2010, le registre montre que 12 entreprises ont acheté 121 permis d'exploration qui couvrent le sous-sol de terrains à 93 % privés sur une superficie de 20 000 kilomètres carrés.

C'est au rabais que les gazières se procurent ces droits miniers, si on compare leurs prix à ceux de l'Ouest canadien ou des États-Unis. En Colombie-Britannique, les permis sont mis aux enchères et se vendent entre 1000 et 10 000 dollars l'hectare par année. En Alberta, le petit nombre de permis fait monter leur prix entre 500 et 1000 dollars l'hectare par an, alors qu'aux États-Unis, ils peuvent atteindre jusqu'à 10 000 dollars. Au Québec, ils sont vendus entre dix cents et 2,50 dollars l'hectare par année.

> Les rentes d'exploration dans le *shale* d'Utica rapportent environ un million de dollars annuellement à l'État pour les quelque dix millions d'hectares sous permis, écrivent les commissaires du BAPE en février 2011. En se référant au prix moyen de 500 dollars l'hectare de l'Alberta, le Québec aurait pu percevoir environ cinq milliards de dollars pour les dix millions d'hectares sous permis.

Ce manque à gagner se constate aussi avec les redevances que les gazières doivent payer au Québec, échelonnées entre 10 et 12,5 % de leurs profits. Les exploitants des sables bitumineux en Alberta doivent, par comparaison, en verser environ 30 % à l'État. En Saskatchewan, les redevances sur les hydrocarbures se situent entre 22 et 27 % des profits des entreprises. Aux États-Unis, ce sont de 15 à 25 % de leurs bénéfices tirés de l'exploitation du gaz de schiste que les gazières doivent remettre au gouvernement.

De surcroît, le budget du Québec de 2009 accorde aux gazières un congé de redevances de cinq ans sur les puits forés avant 2010, afin qu'elles obtiennent plus rapidement leur retour sur investissement. Le gouvernement se prive ainsi des années les plus lucratives, car les trois premières années d'un puits de gaz de schiste sont de loin les plus productives.

L'Union des municipalités et les partis d'opposition à l'Assemblée nationale ont maintes fois accusé le PLQ d'improvisation dans le dossier du gaz de schiste. Mais depuis 2006, le Conseil des ministres de Jean Charest a pris la décision de lancer le Québec dans l'aventure.

La création du lobby

L'Association pétrolière et gazière du Québec (APGQ) est officiellement fondée le 2 avril 2009 au luxueux hôtel Reine Elizabeth, à Montréal. Claude Béchard, alors ministre des Ressources naturelles, y prononce une allocution pour l'occasion.

L'APGQ tient son premier congrès cinq mois plus tard, en octobre. Atteint du cancer, Claude Béchard a cédé sa place à Nathalie Normandeau, à la tête du MRNF depuis juin. « On veut mettre de côté la bureaucratie, déclare-t-elle alors aux gros bonnets de l'industrie gazière. On veut faciliter votre vie, parce que nous sommes bien conscients qu'en facilitant vos vies, on va permettre de créer plus de richesse au Québec. » La ministre annonce ensuite que le gouvernement envisage une nouvelle loi sur les hydrocarbures pour encadrer l'essor du gaz de schiste au Québec. C'est la première fois qu'est lancée la promesse de réglementer l'industrie autrement qu'avec l'archaïque Loi sur les mines.

En marge du congrès, André Caillé, le président du lobby, expose les grandes lignes du plan de l'APGQ : pas moins de 600 millions de dollars d'investissements au Québec d'ici cinq ans avec à la clé la création de 5000 emplois. L'ex-PDG de Gaz Métropolitain (1987-1996) et d'Hydro-Québec (1996-2005) est alors au service de Junex, une gazière junior qui s'acquitte de son salaire de président du lobby et qui est aussi l'unique entreprise dont les intérêts sont québécois au sein de l'APGQ. Elle est dirigée par Jean-Yves Lavoie, un ex-ingénieur pétrolier de la SOQUIP qui en est le principal actionnaire. Jacques Aubert, ex-directeur général de la SOQUIP, en est le fondateur et deuxième actionnaire, alors que la Caisse de dépôt, représentée par sa filiale Gestion Sodemex inc., en est le troisième. Depuis avril 2008, André Caillé occupe le poste de conseiller stratégique senior chez Junex en plus de siéger à son conseil d'administration.

Le vice-président de l'APGQ est Raymond Savoie, un ancien ministre libéral des Mines sous Robert Bourassa qui administre maintenant la société gazière Gastem, dont les deux principaux actionnaires sont l'homme d'affaires ontarien Gheza Zambo et la société d'investissement torontoise Sprott.

L'APGQ est donc dirigée par deux ex-mandarins du Québec qui sont près du PLQ. Raymond Savoie est député libéral entre 1985 et 1993, alors qu'André Caillé et le gouvernement de Jean Charest sont sur la même longueur d'onde concernant les questions énergétiques, comme le démontre l'aventure de la filière thermique en 2004. Ancien souverainiste, Caillé est courtisé par le Parti conservateur de Stephen Harper en janvier 2007 et flirte avec l'ADQ de Mario Dumont la même année, mais ne se lancera finalement jamais en politique. Il choisit plutôt le gaz.

La piste des noms

À la racine du concept d'« acceptabilité sociale » se trouvent le dilemme de la recherche de l'intérêt collectif par opposition à l'intérêt individuel et le difficile équilibre à atteindre entre les deux. Des pratiques forestières (2001) à la production porcine (2003) en passant par la filière éolienne (2006) et les projets miniers (2008), les commissaires du Bureau d'audiences publiques sur l'environnement (BAPE) commencent à en faire un usage courant dans leurs rapports au tournant des années 2000. Ils analysent les différents projets à la lumière de leurs conséquences sur la vie des citoyens, que ce soit les odeurs nauséabondes et les rivières polluées qu'engendrent les mégaporcheries ou, dans les mots de l'ex-député péquiste Rita Dionne-Marsolais, le secteur privé qui « modifie complètement le paysage pour le profit » avec ses parcs éoliens. Au Québec, le concept s'est également retrouvé au centre de débats aussi disparates que la vente des hippodromes par Loto-Québec, un projet de ligne à haute tension d'Hydro-Québec, l'implantation de péages autoroutiers, l'utilisation du Ritalin, la création de sites supervisés d'injection d'héroïne, le développement des cellules souches, etc.

Lors de la campagne électorale d'avril 2003, des groupes environnementaux demandent déjà aux partis politiques québécois de s'engager à produire une étude d'impacts des activités d'exploration et d'exploitation gazières et pétrolières dans le golfe du Saint-Laurent. « Les clarifications demandées par les écologistes s'étendent sur quatre points, rapporte alors La Presse Canadienne. Outre l'étude d'impacts, ils demandent aussi que le prochain gouvernement s'engage à mettre sur pied une consultation publique portant sur l'acceptabilité sociale et environnementale de l'exploitation gazière dans le Saint-Laurent. »

Le PLQ que dirige Jean Charest est élu le 14 avril 2003 et ne donne suite à aucune de ces demandes. Ce n'est qu'en 2009 que l'acceptabilité et l'exploration gazière sont de nouveau réunies. Outre Raymond Savoie, un ancien ministre libéral des Mines, plusieurs autres personnes affiliées au PLQ travaillent depuis lors à développer l'acceptabilité sociale de l'industrie gazière. En effet, dès la création officielle de l'APGQ en avril 2009, et même avant, une brochette de hauts gradés de l'administration libérale font le saut vers le secteur privé pour aider les gazières à prendre leur envol au Québec.

À titre de directeur du cabinet du premier ministre Charest, Stéphane Bertrand dirige conjointement avec André Caillé le développement de la filière des centrales au gaz en 2003-2004. Ancien vice-président Communications, Affaires publiques et gouvernementales chez Gaz Métropolitain, il dirige le cabinet du premier ministre de 2003 à 2007 avant de devenir directeur exécutif du Conseil mondial de l'énergie (CME), un organisme fondé en 1924 et basé à Londres.

Tous les trois ans, le CME tient un important congrès qui réunit la crème du monde de l'énergie. En 2010, Montréal est l'hôte du 21e Congrès mondial de l'énergie et Stéphane Bertrand, devant le succès de l'événement, se voit remettre le titre de « personnalité de l'année 2010 » de l'Association Pipeline, un organisme à but non lucratif qui remet ce prix depuis 32 ans « afin de reconnaître la contribution exceptionnelle d'une personne dans le domaine de l'énergie au Québec ». Le thème de l'acceptabilité figure au premier plan de ce 21e Congrès.

Un an plus tôt, en avril 2009, l'ancien directeur de cabinet met son expérience à contribution dans le secteur de l'énergie et participe activement à la mise sur pied de l'APGQ. « J'ai travaillé à regrouper les acteurs, explique-t-il à *La Presse*. Je pensais que c'était une bonne idée qu'ils puissent se regrouper[1]. » Cet ex-bras droit de Jean Charest explique alors qu'il s'agissait de bénévolat et qu'il n'a participé à aucune réunion du lobby depuis. « Je ne fais pas de lobbyisme », affirme-t-il au journaliste, lequel écrit : « [Stéphane Bertrand] n'exclut toutefois pas que des représentants du gouvernement aient pu lui "poser des questions" sur le gaz de schiste au cours des derniers mois. » L'homme reste donc disponible pour ses anciens collègues.

1. « Un ex-bras droit de Charest parmi les créateurs du lobby », *La Presse*, samedi 4 septembre 2010, p. A8.

Quand Bertrand quitte le bureau de Jean Charest en 2007, il est remplacé par Daniel Gagnier, un ancien vice-président d'Alcan. Celui-ci occupe la fonction jusqu'en septembre 2009, avant de devenir président de l'Institut international du développement durable, un organisme basé à Winnipeg et créé en 1990 par Lucien Bouchard, alors ministre fédéral de l'Environnement. Presque 12 mois jour pour jour après son départ de son poste de directeur de cabinet, Gagnier se met au service de Talisman Energy. En novembre 2010, il accepte de siéger au sein d'un « conseil consultatif » créé par la société de Calgary pour soutenir ses activités dans le gaz de schiste au Québec, conseil qui lui fournit entre autres des directives sur les « observations à communiquer aux collectivités locales ».

« Tout est parfaitement légal[2] », déclare-t-il à *La Presse* au moment de son embauche par Talisman. Il fait référence à une directive en matière d'éthique émise par le gouvernement Charest et selon laquelle un ex-employé de cabinet ministériel devrait, pendant au moins un an, se tenir loin de toute entreprise avec laquelle les autorités travaillent. La Presse Canadienne rapporte également ses propos : « J'ai fait mon purgatoire et je n'ai plus de contact avec le gouvernement. Ils [Talisman] m'ont approché en raison de mon expérience dans le domaine du développement durable. Mon rôle est strictement interne. »

L'embauche de Daniel Gagnier par Talisman se produit deux mois après la convocation du BAPE sur la question du gaz de schiste, ordonnée par le gouvernement, face à la montée de la mobilisation citoyenne. Inquiet lui aussi du mécontentement populaire, l'APGQ confie à ce moment-là à National la tâche de lui élaborer une campagne de marketing. L'influente firme de relations publiques accouche d'une stratégie qui prévoit la tenue de

2. « L'ancien chef de cabinet de Charest conseillera Talisman », *La Presse*, mardi 16 novembre 2010, p. A13.

trois séances d'information dans les régions touchées par l'exploration gazière. Présidées par André Caillé, ces soirées doivent se tenir dès septembre, tout juste avant le début des audiences du BAPE.

Martin Daraiche, un jeune lobbyiste au service de National depuis 2008, est mandaté depuis déjà quatre mois par l'APGQ « dans le but que le Québec soit reconnu comme une juridiction capable d'accueillir une industrie structurante en matière de *shales* gazéifières ». Le registre des lobbyistes du Québec indique que Daraiche, un ex-attaché politique de Nathalie Normandeau qui jusqu'à tout récemment était conseiller juridique au bureau de Jean Charest, doit faire des démarches auprès du MRNF et du ministère des Finances dans l'intérêt de l'industrie gazière.

La campagne de marketing concoctée par National vise à faire valoir l'acceptabilité sociale de l'industrie, mais se solde par un cuisant échec. Lors de la première rencontre à Bécancour, les citoyens présents malmènent André Caillé. À un journaliste qui note qu'il s'est fait bousculer, le président du lobby rétorque plutôt qu'il s'est fait « varloper ». Caillé se retire temporairement de ses fonctions à la fin septembre.

Appelé en renfort pour redorer l'image des gazières, Lucien Bouchard le remplace à la tête de l'APGQ au début de 2011. L'ancien premier ministre du Québec déclare être persuadé que le gaz de schiste constitue un atout très important pour le développement économique et le financement des missions de l'État. « J'entends donc remplir mon mandat avec la certitude de devoir travailler dans le meilleur intérêt de notre collectivité », affirme-t-il. L'albertaine Talisman Energy s'empare ainsi du contrôle de l'APGQ, puisque c'est elle qui s'acquitte des honoraires de Bouchard, alors que Caillé était rémunéré par Junex.

Fière de deux nouvelles acquisitions d'envergure en la personne de Bouchard et de Gagnier, Talisman était déjà active auprès du gouvernement du Québec avant ces embauches.

En effet, la société albertaine accorde un important contrat de lobbying à Groupe GVM dès avril 2010. Cette agence de communication et de marketing spécialisée dans le développement de l'image de marque est la propriété de François Pilote, un ami de longue date de Jean Charest qui fut longtemps son conseiller et organisateur politique.

Pilote confie le dossier de Talisman à Daniel Bernier, vice-président des affaires publiques de GVM. Depuis juillet 2010, celui-ci est mandaté pour « représenter les intérêts de Talisman Energy inc. auprès de différents titulaires de charge publique relativement à la législation et à la réglementation reliée aux hydrocarbures, dont notamment la Loi sur les mines », indique le registre des lobbyistes. De 2003 à 2005, Daniel Bernier est le chef de cabinet de Françoise Gauthier, ministre libérale du Tourisme.

Stéphane Gosselin est le dernier et non le moindre des titulaires de charge publique qui ont travaillé pour le gouvernement Charest avant de faire le saut vers les gazières. Entre 2004 et 2010, il occupe diverses fonctions d'importance en dirigeant notamment les cabinets des ministres des Ressources naturelles et du Développement économique. En moins d'un week-end, Gosselin passe de l'administration Charest à la direction de l'APGQ : le vendredi 27 août 2010, il démissionne de son poste de chef de cabinet du ministre Clément Gignac pour prendre les rênes du lobby le lundi suivant. Cela contrevient à la directive de Jean Charest en matière d'éthique.

Stéphane Gosselin est catégorique : lui qui a exercé dans cinq cabinets ministériels assure qu'en six ans, il n'a jamais touché au dossier du gaz de schiste. Il se dit également certain de respecter toutes les règles. Quelques jours après ce soudain changement d'orientation professionnelle, le leader parlementaire de l'opposition officielle, Stéphane Bédard, qualifie la situation de « totalement inacceptable » sur le plan éthique. « L'impression donnée aux Québécois, c'est qu'on privilégie les intérêts particuliers plutôt que les intérêts collectifs », martèle le député péquiste en point de presse. Il n'y a pas d'acceptabilité sociale, dit donc implicitement Bédard.

L'opposition péquiste n'est pas la seule à s'inquiéter. « L'important n'est pas qu'il n'ait jamais entretenu de liens avec l'industrie, explique Jacques Bourgault, professeur associé à l'École nationale d'administration publique (ENAP). L'important, c'est qu'il peut maintenant parler avec les fonctionnaires. » Stéphane Gosselin connaît alors très bien la machine gouvernementale et ceux qui la composent. Il sait comment les ministres et les fonctionnaires travaillent et est en mesure d'identifier leurs vulnérabilités et leurs intérêts. « Avec toute l'information qu'il a, il peut *mapper* un plan stratégique très fort, ajoute le professeur. Un titulaire de charge publique ne devrait pas avoir le droit de travailler pour toute industrie qui fait affaire avec le gouvernement pendant au moins un an après son départ. »

À eux tous, cette brochette de hauts gradés compte près de 15 années d'expérience politique de premier plan acquise depuis 2003. Deux ex-bras droits de Jean Charest en font partie et sont de ceux qui travaillent ou ont travaillé à rendre l'industrie gazière acceptable aux yeux des Québécois et à obtenir auprès du gouvernement les législations souhaitées par l'APGQ. Toute cette expérience politique mise au service du secteur privé démontre que des liens entre le PLQ et les gazières existent bel et bien. Si on ne peut conclure qu'il s'agit d'une stratégie concertée, l'étendue de ces liens empêche tout autant de conclure à une simple coïncidence.

Les hommes du gaz

En dépit de la volonté d'une majorité de Québécois et à la demande d'André Caillé et de Stéphane Bertrand, 500 millions de dollars sont investis par le secteur privé en 2004 pour la construction de la centrale thermique de Bécancour. Alimentée par Gaz Métropolitain, la seule centrale électrique qui fonctionne au gaz naturel au Québec est bâtie par le groupe de sociétés d'ingénierie SNC-Lavalin, membre-associé de l'APGQ. Moins d'une semaine avant le début des travaux, Hydro-Québec vend ce qui lui reste de participation dans Gaz Métropolitain à SNC, la Caisse de dépôt et le Fonds de solidarité de la FTQ.

Gaz Métropolitain est alors dirigée par Robert Tessier, un ancien mandarin du Conseil du trésor qui prend les rênes de la société en commandite quand André Caillé passe chez Hydro-Québec en 1996. À l'instar d'André Caillé, il est PDG de Gaz Métropolitain pendant dix ans avant d'accéder à la présidence d'une société d'État. En mars 2009, Tessier devient le grand patron de la Caisse de dépôt. Sophie Brochu, qui a commencé sa carrière en 1987 en tant qu'analyste financier à la SOQUIP, prend pour sa part le contrôle de Gaz Métropolitain en 2007.

« Le nouveau président du conseil d'administration de la Caisse de dépôt et placement du Québec est avant tout un homme de réseau, écrit le journal *Les Affaires*. Il a ainsi été membre de plusieurs conseils d'administration, dont celui d'Axa Canada, de la Société de Fonds Investors, du Groupe CGI, de l'Association canadienne du gaz et du Conference Board du Canada[3]. »

Avant de quitter Gaz Métropolitain, Robert Tessier accorde une entrevue-bilan à *La Presse* et en profite pour faire le point sur le controversé projet de port méthanier à Rabaska. « Il s'agit de l'avenir du Québec, dit-il à la journaliste Véronique Bouvier. Si on veut développer le Québec, ça prend une économie bien alimentée en énergie et à la bonne énergie. Si l'on veut créer de la valeur,il faut augmenter la position du gaz naturel pour libérer des capacités électriques qu'on peut vendre en dehors de la province[4]. »

---

3. « Qui est Robert Tessier ? », LesAffaires.com, jeudi 5 mars 2009, http://goo.gl/1dH82

4. « Rabaska, une épine dans le pied ? », *La Presse*, mardi 7 novembre 2006, p. AFF 8.

Actionnaire de Gaz Métropolitain et de Junex, la Caisse est maintenant dirigée par un « homme du gaz ». C'est aussi le cas d'Hydro-Québec avec Thierry Vandal, ex-directeur de la commission politique du PLQ. Ingénieur et détenteur d'un MBA de HEC, Thierry Vandal cumule 15 ans d'expérience dans le pétrole et le gaz avant d'atterrir en 1996, avec André Caillé, chez Hydro-Québec, où il devient président de la division Production dès 2001 et PDG dès avril 2005.

Les gazières sont bien armées. Du personnel qualifié et formé par l'État les dirige ou les conseille et plusieurs anciens hauts gradés de l'administration Charest s'occupent de les représenter auprès du gouvernement.

La prise de contrôle

L'industrie gazière est déjà présente au Québec quand l'APGQ est officiellement formée en avril 2009. Les permis sont déjà achetés, des travaux sont déjà réalisés, des puits sont déjà forés et le potentiel gazier est déjà établi. L'industrie est prête à exploiter le gaz de schiste. Ne manque plus que son acceptabilité sociale.

Les gazières Junex et Gastem sont celles qui détiennent la majorité des permis, avec les albertaines Questerre et Talisman non loin derrière. Mais les deux premières n'ont que très peu d'expertise en matière de gaz de schiste et cèdent donc des parts majoritaires de leurs droits sur le sous-sol à des firmes étrangères. En échange, celles-ci forent des puits sur le territoire afin d'établir le potentiel gazier. Au moins la moitié des 31 puits de gaz de schiste forés au Québec depuis 2006 sont la propriété de Talisman et de Forest Oil. Tous les travaux de forage sont sous-traités à des firmes étrangères, ce qui fait que la majorité des 200 millions de dollars d'investissements de l'industrie au Québec ne sont pas réalisés ici.

À force de creuser, Forest Oil annonce en avril 2008 une importante découverte de gaz de schiste. La nouvelle attire l'attention et propulse véritablement le Québec dans l'aventure. Entre le

1er avril et le 31 mai, la valeur en Bourse de Forest Oil croît de 32 %, celle de Talisman de 18 %, celle de Gastem de 112 % et celle de Junex de 58 %. La découverte fait aussi augmenter la valeur réelle des permis, mais ils continuent d'être vendus au rabais. Les compagnies flairent la bonne affaire et une deuxième phase de *claims* à dix cents l'hectare a lieu. Le Québec prend des airs d'eldorado.

Ce n'est que plus tard que l'APGQ est formée. La situation est alors sérieuse. Les gazières souhaitent profiter de la manne et se liguent afin de charmer la population, mais surtout le gouvernement. Talisman a embauché Lucien Bouchard, Daniel Gagnier et François Pilote pour s'occuper du lobbyisme auprès de l'État.

André Caillé est pour sa part conseiller stratégique senior chez Junex. La gazière est associée à Gastem, qu'elle a aidé à lancer en 2005 en participant à son capital-actions. Junex est également actionnaire d'une autre compagnie du secteur, Pétrolia. C'est cette dernière qui met la main sur les droits d'exploration de l'île d'Anticosti quand Thierry Vandal dissout la division Pétrole et Gaz d'Hydro-Québec en 2007.

Entre 2002 et 2007, la société d'État investit 9,8 millions de dollars en travaux d'exploration pétrolière sur l'île d'Anticosti. En juin 2011, Pétrolia annonce que les 6300 kilomètres carrés de territoire des 35 permis ainsi obtenus recèleraient, au prix de 100 dollars le baril, près de 3000 milliards de dollars de pétrole. C'est la firme albertaine Sproule Associates Ltd. qui établit ce chiffre dans ce qui constitue la première estimation indépendante des réserves d'hydrocarbures de l'île d'Anticosti. Pétrolia, une compagnie dont le principal actionnaire est suisse, compte neuf lobbyistes inscrits au registre des lobbyistes du Québec. Sa partenaire à l'île d'Anticosti est Corridor Ressources, une entreprise d'Halifax.

Durant les deux années qu'elle passe aux commandes du MRNF, la ministre Normandeau ne cesse de parler de la richesse que pourrait créer le gaz de schiste. Mais pour certains, cette richesse est relative. « Si le Québec comptait 3000 puits, c'est 399 millions de redevances gazières qui seraient engrangées », calcule Joëlle Noreau, économiste principale chez Desjardins, dans l'édition de l'été 2011 du magazine *Perspectives*. Dans un dossier très complet sur les ressources naturelles du Québec, Noreau rappelle qu'elles occupent à peine 2,2 % de l'économie, contre 22 % en Alberta, 23,7 % pour la Colombie-Britannique et 28,7 % pour Terre-Neuve. En plus des mines, les richesses naturelles du Québec incluent l'agriculture, la pêche, la forêt et l'hydroélectricité.« Dans les conditions actuelles, tabler sur les ressources naturelles pour redresser les finances publiques paraît prématuré », conclut l'économiste.

A-t-on véritablement tout à gagner en produisant nous-mêmes du gaz ? Le Québec en importe de l'Ouest canadien à hauteur de deux milliards de dollars par année. L'ex-ministre Normandeau a clamé haut et fort que nous pourrions épargner ce montant en le produisant nous-mêmes. Sauf que cela est un leurre : nous devrons toujours le payer même s'il est exploité ici, car ce sont des entreprises privées à 95 % étrangères qui le produiront.

> Les Québécois n'ont littéralement rien à gagner, explique Normand Mousseau, professeur de physique et titulaire de la Chaire de recherche du Canada en physique numérique des matériaux complexes à l'Université de Montréal. Pas d'emplois, pas de redevances... En fait, tout ce qu'ils ont à gagner, c'est une perte de valeur foncière pour leurs biens, une perte de quiétude et des risques associés à l'exploitation industrielle d'hydrocarbures dans leur cour.

Le professeur suit de près la question énergétique et a publié, en 2008, le livre *Au bout du pétrole*. Il a récidivé en 2009 avec

L'avenir du Québec passe par l'indépendance énergétique et a écrit un troisième livre en 2010, *La révolution des gaz de schiste*. « Essentiellement, on donne nos ressources, poursuit-il. On n'a jamais valorisé nos ressources naturelles, au Québec. On n'a jamais été maîtres chez nous ! Souvent, on parle d'un retour au duplessisme, mais ce n'est pas un retour puisqu'on ne l'a jamais quitté. »

Pourtant, l'objectif de la ministre Normandeau, avant qu'elle ne quitte son poste en septembre 2011, était on ne peut plus clair : « Se donner dix ans pour opérer une reconversion entre le pétrole et le gaz naturel. Dans notre portefeuille de consommation, on souhaite que le gaz naturel prenne davantage de place que le pétrole. »

Une véritable révolution que visent là les libéraux, sachant que le pétrole (38 %) compte pour trois fois l'apport du gaz (12 %) dans le bilan énergétique québécois.

CHAPITRE V

Les vrais risques

« Dans le doute, abstiens-toi. »
PYTHAGORE

Pour les gazières, les citoyens inquiets devant les risques environnementaux des forages ne sont pas rationnels. C'est du moins ce qu'estime Michael Binnion, président de Questerre. « Les opposants ont présenté des arguments émotifs, mais où étaient leurs experts ? demande le PDG albertain. Il n'y a eu aucun expert crédible pour corroborer les mythes qui ont été présentés. »

Le principal « mythe » dont parle Michael Binnion est la contamination des eaux souterraines par l'industrie. Cette contamination peut se produire d'au moins deux façons. Premièrement, les centaines de produits chimiques utilisés dans le liquide qui sert à fracturer la roche et qui sont injectés à 1500-3000 mètres de profondeur n'ont rien pour rassurer la population, puisque leur nature et leurs effets demeurent inconnus. Et, deuxièmement, un puits de schiste ainsi fracturé se met à produire du gaz qui, en cas de fuite, peut propager du méthane dans les nappes phréatiques ou les puits artésiens environnants et les contaminer.

Selon 151 scientifiques de domaines variés qui portent un regard critique sur l'exploitation du gaz de schiste dans un manifeste daté du 1er mars 2011, la filière « ne rencontre aucun critère d'acceptabilité » au Québec. Parmi ces universitaires, seulement deux enseignent la géologie. « Le problème des géologues est qu'ils sont près de l'industrie, explique Normand Mousseau, membre du collectif et auteur du livre *La révolution des gaz de schiste*. Cette proximité entraîne des conflits d'intérêts qui bâillonnent les universitaires, en principe indépendants. » Une situation qui est encore plus inquiétante quand on sait que l'expertise de l'État est déjà réduite à peau de chagrin depuis que tous les experts formés par la SOQUIP évoluent au sein du secteur privé.

Marc Durand, un ingénieur en génie géologique qui a achevé en 1974 sa recherche postdoctorale sur les formations rocheuses de la plaine du Saint-Laurent, est aussi membre du collectif scientifique. Pendant 25 ans, il a étudié les questions géologiques en rapport avec les travaux d'ingénierie dans ces formations rocheuses, de l'édification du stade olympique à la construction de tunnels dans les *shales* de Lorraine et d'Utica. L'universitaire profite aujourd'hui de l'indépendance que lui procure sa retraite pour investir la place publique et exposer ses idées sur le gaz de schiste. Marc Durand ne dépend plus de l'État pour ses subventions de recherche et peut donc s'exprimer librement.

Celui qui a travaillé, entre autres, sur le *shale* d'Utica lors de la construction du métro de Montréal connaît donc très bien le sous-sol québécois et pose des questions qui ébranlent le discours mirobolant des gazières. « Les gens ne parlent que de la fracturation hydraulique, dit-il. Mais il y a aussi toute la question de la durée de vie des puits. » Le lobby gazier s'est découvert un adversaire plus coriace que les citoyens « émotifs ».

Plutôt que de répondre à ses questions, les gazières s'attaquent à sa crédibilité. « Marc Durand ne connaît rien à l'industrie du gaz de schiste », martèlent Dave Pépin et Jean-Sébastien

Marcil, respectivement vice-président aux affaires corporatives et géologue chez Junex. Lors d'une entrevue accordée à la journaliste Anne-Marie Dussault, Lucien Bouchard a pour sa part balayé du revers de la main toutes ses inquiétudes.

> Monsieur Bouchard a eu recours à un procédé tout à fait inacceptable en entrevue : il a inventé des propos ridicules qu'il m'attribue, mais qui ne se retrouvent ni dans mes textes ni dans mes entrevues, écrit Marc Durand dans une lettre ouverte publiée par *Le Devoir*. Il avait commencé l'entrevue avec Anne-Marie Dussault en rappelant l'importance qu'il accordait à bien préserver sa réputation ; pourtant, il n'a pas hésité à ridiculiser tout mon travail d'expert, d'une pirouette, sans aucune autre forme de commentaire. Son intervention dans le dossier des gaz de schiste n'annonce rien de bon, si c'est le traitement qu'il réserve aux experts qui diffèrent d'opinion avec Talisman.

Le doct-ing en géologie estime que ces attaques prouvent la pertinence de ses inquiétudes.

Le ciment

Marc Durand explique qu'il reste environ 5 % de gaz à l'intérieur d'un puits de gaz naturel conventionnel quand on le bouche et l'abandonne, ce qui présente parfois des risques de fuites. Avec un puits de gaz de schiste, ces risques deviennent exponentiels car il reste près de 80 % du gaz dans le puits quand on le bouche.

> Il n'y a rien pour stopper le processus amorcé, écrit Durand. Il va se poursuivre sur des siècles et millénaires. Et les puits-bouchons n'auront pas cette

> durée de vie. La pression des gaz dans le réservoir va croître de façon lente mais continue, d'une part, et la dégradation des puits va aller croissant dans le temps, d'autre part. Ces deux phénomènes vont se manifester dans le temps en surface par une montée en nombre et en débit des fuites de méthane.

La motivation première de celui qui se définit comme un grand-père inquiet est la crainte de ce qu'il adviendra des 18 premiers puits de gaz de schiste qui ont été fracturés au Québec, 17 par fracturation hydraulique et un au propane. Dans ces puits-là, le processus géologique a été amorcé de façon irréversible. Pour lui, ils sont un poison pour les générations futures.

L'expert indépendant est persuadé que ces puits sont appelés à devenir des conduits de fuites de gaz, puisqu'ils sont colmatés avec du ciment dont la durée de vie est limitée.

> Les ingénieurs civils aimeraient bien depuis toujours avoir des techniques pour faire des viaducs et des ponts qui résistent plus de cinquante ans, écrit Marc Durand. Voici que l'industrie du gaz, avec les mêmes matériaux, acier et ciment, veut nous convaincre qu'elle détient la recette pour que ces milliers de puits-bouchons résistent éternellement aux pressions croissantes dans ce grand réservoir d'Utica fracturé sous nos pieds dans la plaine du Saint-Laurent.

Lorsqu'on fracture le *shale*, on modifie la pression intrinsèque de cette roche vieille de 450 millions d'années. Le problème très simple que Marc Durand s'évertue donc à répéter est que le trou foré est bouché avec autre chose que du *shale* et que cette autre chose – du ciment – n'a pas les propriétés du *shale* intact. Qui sait vraiment ce qui peut alors arriver ?

Des tables d'analyse fournies par l'industrie révèlent qu'une fois la roche fracturée, la pression et surtout le débit de gaz dans le puits sont au plus fort durant les trois premières années, soit les plus rentables pour l'exploitation. La pression et le débit diminuent de façon exponentielle par la suite, sans jamais atteindre zéro. En fin d'exploitation commerciale, la pression est au plus bas, mais une fois le puits bouché, elle remonte lentement mais sûrement. Le ciment résiste initialement à cette pression créée par le gaz qui continue à se libérer.

> On a affaire ici à des structures qui se dégraderont en milieu de salinité extrême, loin de toute possibilité d'inspection et d'entretien, dans un milieu transformé par les opérations de fracturation hydraulique, écrit Marc Durand. Les circulations de fluides, eaux salines et méthane vont s'en trouver modifiées. Toutes les structures reliant la surface à l'Utica transformé vont tôt ou tard atteindre un degré de décomposition avancé. Les puits atteindront un état où leur fonction comme puits bouchant ne sera plus opérationnelle. Ça veut dire quoi ? Des mégaproblèmes à chacun de ces puits, des moyens de mitigation à mettre en place, des études complexes à entreprendre pour tenter de trouver une solution. Il y en aura beaucoup sur les 20 000 [chiffre projeté dans le rapport du BAPE] ; peut-être entre 250 et 500 nouveaux cas par décennie. Des milliards à prévoir dans le budget du Québec.

Maurice B. Dusseault, professeur de géologie à l'Université de Waterloo et membre de la Society of Petroleum Engineers Inc., abonde dans le même sens. Il affirme que la pression dans le sol affecte le ciment et ouvre des chemins pour les fuites.

> Les puits de pétrole et de gaz peuvent avoir des fuites avec le temps, même lorsque la production a cessé et que le puits a été bouché puis abandonné. La lente accumulation de gaz crée une pression qui entraîne des fractures annulaires qui sont propagées vers le haut. [...] Les conséquences ne sont pas négligeables : en Amérique du Nord, il y a des dizaines de milliers de puits orphelins qui ont des fuites[1]. (Traduction libre)

Pour Jean-Sébastien Marcil, géologue chez Junex, c'est impossible. Le ciment ne peut être modifié puisque le sous-sol n'a tendance ni à se contracter ni à se dilater. Il explique que la comparaison avec le béton d'un viaduc est très bancale puisque dans le sous-sol, le ciment ne peut pas s'éroder, protégé qu'il est des intempéries et des grandes variations de température.

Le 20 avril 2010, c'est pourtant une défaillance de cimentation qui cause l'explosion meurtrière et dévastatrice de Deepwater Horizon, une plateforme pétrolière possédée par British Petroleum. Onze travailleurs meurent et des centaines de millions de litres de pétrole se déversent dans le golfe du Mexique pendant cinq mois, avant que la fuite ne soit finalement colmatée. La cinquième plus grosse société de la planète est alors aux prises avec un tel casse-tête de cimentation que l'océan en est souillé et qu'une région

1. Maurice B. Dusseault, « *Why Oil wells Leak: Cement Behavior and Long-Term Consequences* », Porous Media Research Institute, University of Waterloo ; International Oil and Gas Conference and Exhibition, 7 au 10 novembre 2000, Pékin, Chine.

déjà mise à genoux par l'ouragan *Katrina* en est affaiblie. « Même en étant très rigoureux, un ingénieur qui cimente le puits ne peut jamais être certain de l'efficacité du cimentage, au fond du puits, lors de l'opération », est-il écrit dans le rapport qui suit le désastre.

Il faut voir le sous-sol comme une planche de bois dans laquelle on veut fixer des clous. Rien de difficile en théorie, mais un nœud peut rapidement rendre la chose impossible. Le problème fondamental est de l'ordre de la physique : le sous-sol n'est pas uniforme. En modifiant la pression dans un puits, des imperfections telles que des failles ou des poches d'air peuvent compliquer la cimentation.

Marc Durand rappelle que ces failles géologiques pourraient donc devenir des pipelines naturels, de véritables conduites de gaz.

> La technique de fracturation hydraulique crée artificiellement un réseau de fractures interconnectées vers lequel le gaz se met à migrer ; la technique amorce un processus d'écoulement du gaz dans le gisement, comme cela s'est fait dans les gisements classiques en centaines de milliers d'années, mais la technique ne peut aucunement accélérer ce processus géologique, écrit le docteur Durand. La construction d'un puits et la fracturation sont réalisées en quelques semaines ; l'écoulement s'amorce et se poursuivra sur une échelle de temps géologique [plus de 100 000 ans]. La durée du temps, avant qu'on ferme les puits quand le débit devient non rentable, ne représente qu'une infime portion de ce temps géologique.

Le géologue de Junex n'est pas d'accord. « Les technologies permettent de détecter les failles et de connaître la pression exacte dans le sol au moment de la fracturation, dit Jean-Sébastien

Marcil. La pression est stable et les failles ne permettront pas au gaz de remonter à la surface. »

Les fuites au Québec

Ces fuites ne sont-elles que des « émissions fugaces et routinières » comme le prétend Michael Binnion, le président de Questerre, ou représentent-elles un véritable danger comme l'avance Marc Durand ? Dix-neuf des 31 puits déjà forés au Québec présentent des fuites, conclut un rapport du MRNF daté de début 2011. Des 6 puits que la gazière Canbriam possède sur ces 31, 4 sont alors rapportés comme fuyant.

Le 11 janvier, la ministre Normandeau qualifie ces fuites de normales. « Ce sont des fuites normales qu'on trouve dans d'autres puits ailleurs dans d'autres juridictions, explique-t-elle à La Presse Canadienne. Regardons la réalité telle qu'elle est. En tant que ministre des Ressources naturelles, j'arrive à la conclusion qu'il n'y a pas lieu de s'alarmer. » Avant les audiences du BAPE, elle avait déclaré ceci au magazine *L'Actualité* en octobre 2010 : « Je ne perdrai pas mon temps avec les Greenpeace de ce monde. »

Peu de temps après, le 27 janvier, le ministère de l'Environnement délivre un avis d'infraction à Canbriam Energy. Son puits situé à La Présentation présente une fuite qui risque de contaminer la nappe phréatique. « Le MDDEP estime que cette fuite pourrait avoir contaminé les eaux souterraines et qu'elle pourrait mettre la sécurité des personnes en jeu, d'où l'exigence d'un gardien de sécurité en permanence, écrit *Le Devoir*. Une source liée au processus d'inspection ministériel a précisé au *Devoir* que c'était "la pire fuite de toutes"[2]. » Nathalie Normandeau ordonne la fermeture du puits en mars, ce que Marc Durand dénonce puisqu'une telle opération ne colmaterait pas la fuite et dégagerait la gazière de toute

2. « Gaz de schiste : six avis d'infraction », *Le Devoir*, vendredi 28 janvier 2011, p. A1.

responsabilité, le puits revenant ainsi dans le domaine public. En juillet, le puits fuit depuis six mois et la ministre se ravise. Elle permet à Canbriam de le réparer plutôt que de le fermer.

Cet avis d'infraction s'accompagne d'un deuxième émis le même jour, cette fois à l'intention de Talisman pour son puits de Leclercville. Les fuites de ce puits laissent croire que les conséquences ne sont pas négligeables. Présenté dans le rapport du BAPE (février 2011) comme le cancre en matière de fuites, il s'en échappe 129 kilogrammes de méthane chaque jour. Sur une base annuelle, c'est l'équivalent du gaz carbonique émis par 667 Honda Civic qui parcourraient chacune 10 000 kilomètres. Des travaux de plusieurs millions de dollars permettent finalement à Talisman de colmater la fuite et Jean-Yves Chatellier, géologue en chef de l'entreprise, admet que la cause de la fuite était une faille naturelle. Ce n'est pas la première réprimande adressée à la société albertaine. En Pennsylvanie, sur les 121 puits qui appartiennent à l'entreprise, 65 ont été mis en infraction.

Deux autres avis d'infraction ont été émis contre Talisman en octobre 2010 pour son puits situé près de Trois-Rivières, mais cette fois les inspecteurs l'ont admonestée parce que la gazière n'avait pas acheminé ses boues de forage à l'usine d'épuration de Drummondville comme prévu. La deuxième infraction est liée au fait que l'entreprise a plutôt transféré ses boues sur un autre site, à Sainte-Gertrude, ce qui n'était pas autorisé par le ministère.

Finalement, Gastem s'est aussi vu mettre en infraction en décembre 2010 quand les inspecteurs ont remarqué que la gazière préparait un site d'exploration sans autorisation dans un marécage de Saint-Janvier-de-Joly.

Toutes ces informations ont été confirmées au *Devoir* par Pierre Paquin, directeur régional du MDDEP pour la Montérégie et l'Estrie et superviseur de l'industrie gazière au ministère. Celui-ci a précisé que les fuites de gaz n'étaient pas d'origine biologique. Il s'agissait bien de gaz de schiste.

Maryse Méthot gère une garderie en milieu familial située à 300 mètres du puits de La Présentation. Confrontée à « la pire de toutes les fuites » de gaz de schiste au Québec, elle n'a aucun recours, la Loi sur les mines protégeant la gazière albertaine.

> Même s'il y a des dommages immédiats, telle une fuite de gaz quasi simultanée avec les opérations, il y a beaucoup de possibilités pour l'industrie de nier le lien causal ; c'est ce qu'ils font actuellement aux États-Unis, écrit Marc Durand. Dans la réalité, la preuve hors de tout doute peut coûter aussi cher à établir que le prix d'un puits et ce sont des individus qui sont lésés ; ils ne font pas le poids face à la taille et l'expertise des compagnies.

Sur son blogue, le PDG de Questerre, Michael Binnion, écrit que l'idée que la fracturation hydraulique puisse contaminer les eaux souterraines relève de la mythologie au même titre que la théorie voulant que le premier pas sur la Lune soit une conspiration, qu'Elvis Presley soit toujours en vie ou que Barack Obama ne soit pas né aux États-Unis. Pour l'Albertain, la fracturation est si profonde qu'une contamination est impossible[3].

Cependant, en août 2011, le *New York Times* rend public un rapport de l'Agence environnementale américaine (EPA) datant de 1987. On y apprend que la nappe phréatique sous la propriété de James Parson, en Virginie-Occidentale, a été contaminée par les produits chimiques utilisés lors de la fracturation d'un puits de Kaiser Exploration and Mining Company. Selon le rapport de l'EPA, la fracturation aurait « créé des failles permettant la migration du

3. Voir en annexe le billet de Michael Binnion publié sur son blogue le 5 juillet 2011, au lien suivant : http://goo.gl/PM13r.

liquide de fracturation et du gaz vers le puits d'eau de M. Parson[4] ». Le rapport souligne également qu'une enquête sur « une douzaine » d'autres cas de contamination n'a pu être menée en raison du refus des entreprises gazières de collaborer. Carla Greathouse, l'auteure du rapport, explique au *New York Times* avoir encore de la difficulté à comprendre comment les compagnies privées peuvent cacher ces problèmes liés à la santé publique. « Si c'est sécuritaire, pourquoi cachent-ils ces cas ? » demande-t-elle.

Sans pour autant conclure que des événements survenus il y a plus de 30 ans peuvent éclairer l'ensemble de la situation d'aujourd'hui, il reste que les certitudes de Binnion et de l'industrie paraissent quelque peu saugrenues. « John F. Kennedy disait que "l'ennemi de la vérité n'est pas, dans bien des cas, le mensonge – délibéré, guindé et malhonnête –, mais le mythe, persistant, persuasif et irréaliste [...]", écrit Michael Binnion. Il s'agit simplement du mythe que le gaz de *shale* représenterait un risque significatif pour l'eau souterraine. »

Mais ce n'est pas un mythe. L'EPA l'a prouvé dès 1987.

Marc Durand explique que les problèmes apparaîtront sur une longue période de temps et qu'il est normal qu'aucune étude n'ait encore formellement démontré le danger de la fracturation hydraulique. George Mitchell a foré le premier puits de gaz de schiste au Texas il y a à peine 25 ans et l'industrie a pris son envol il y a moins de dix ans. Il est donc impossible de connaître réellement l'impact de la libération du gaz que permet la fracturation, laquelle « va se poursuivre sur des siècles et millénaires ».

---

4. « [...] *fractures were created allowing migration of fracture fluid from the gas well to Mr. Parson's water well.* »

Pas seulement ici

Larry et Laura Amos vivent à environ 300 mètres d'un puits de gaz de schiste, dans la forêt de Dry Hollow au Colorado. Le 30 avril 2001, une explosion dans leur puits artésien en expulse le couvercle à des centaines de mètres et provoque un geyser de boue et d'eau grise pétillante, rapporte Propublica[5], une salle de nouvelles dédiée aux enquêtes d'intérêt public fondée en 2008 et déjà récipiendaire d'un prix Pulitzer. Les inspecteurs de l'État ont informé les Amos que leur puits était gorgé de méthane.

Au nord, dans le Wyoming, le 31 août 2010, l'EPA avise les habitants de Pavillion de ne pas boire l'eau de leurs puits et d'utiliser une ventilation pour éviter les explosions lorsqu'ils prennent leur douche ou font la vaisselle. Onze des 39 puits étudiés dans cette zone contiennent alors du méthane, des métaux et des contaminants. La contamination de trois d'entre eux est directement liée aux produits chimiques utilisés dans l'extraction de gaz de schiste en cours depuis cinq ans dans la région.

En 2011, des chercheurs de l'université Duke analysent 60 puits artésiens en Pennsylvanie et dans l'État de New York. « Les concentrations de méthane sont 17 fois supérieures en moyenne dans les réserves d'eau près des puits de gaz que dans celles situées loin des activités de forage, écrivent-ils. Dans un rayon d'un kilomètre, l'eau peu profonde avait les concentrations les plus élevées[6]. » (Traduction libre.)

Pour Jean-Sébastien Marcil, géologue chez Junex, ce sont des cas marginaux qui ne brossent pas un tableau fidèle de la situation. Pourtant, il ne s'agit là que d'une fraction de ceux

---

5. « *Buried Secrets: Is Natural Gas Drilling* », Propublica, 13 novembre 2008, http://goo.gl/5Rs78.

6. Robert B. Jackson et autres, « *Research and Policy Recommendations for Hydraulic Fracturing and Shale Gas Extraction* », Duke University, Nicholas School of the Environment, 2011, p. 4.

répertoriés aux États-Unis. De plus, les compagnies s'entendent souvent avec les résidents affectés en leur offrant de généreuses compensations financières assorties de clauses de confidentialité, ce qui complique la publication de cas problématiques.

Pour Dave Pépin, son patron, ce ne sont que des exceptions, comme le viaduc de la Concorde qui s'est écroulé le 30 septembre 2006 à Laval, tuant cinq personnes. « Tu serais fou de te promener encore sous un viaduc, non ? » ironise-t-il. Il soulève toutefois une question primordiale : quel est le niveau de risque acceptable pour les Québécois ?

Mais pour certains, ce n'est pas uniquement le risque qui est inacceptable.

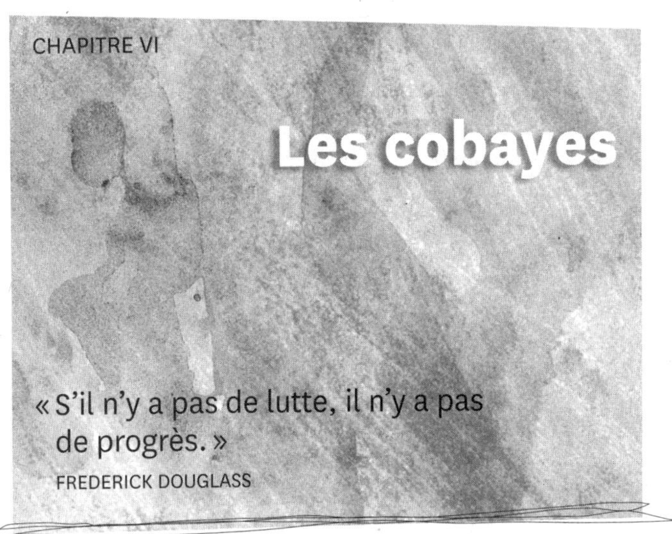

CHAPITRE VI

Les cobayes

« S'il n'y a pas de lutte, il n'y a pas de progrès. »

FREDERICK DOUGLASS

La jeune industrie gazière du Québec a été honnête en avouant que le fait de côtoyer quotidiennement un puits de gaz de schiste n'est pas de tout repos. Mais à quel point cela dérange-t-il ? Certains Québécois ont vécu l'expérience de très près, pour ne pas dire dans leur cour. Deux familles appartenant à deux générations différentes ont en commun de vivre aux premières loges d'un de ces puits et de l'activité industrielle lourde qu'il génère.

Situé à 30 kilomètres au nord de Saint-Hyacinthe, Saint-Louis est un village de 708 habitants dans les sept rues duquel il est impossible de se perdre. C'est là que résident Odette et Roland Larin, à quelques centaines de mètres d'un terrain où des enfants jouent souvent au soccer. C'est aussi là que le couple a vécu le « calvaire » du gaz de schiste dès juin 2007. Leur histoire, qu'ils ont déjà racontée au moins 100 fois, est à ce point bouleversante que les deux retraités sont devenus le symbole québécois des impacts que l'exploitation du schiste peut avoir sur la vie des gens.

Il y a 32 ans maintenant, les Larin quittent Longueuil pour offrir à leurs enfants la quiétude de la campagne des basses-terres du Saint-Laurent. Roland, ex-électricien, bâtit lui-même la maison qui permet aujourd'hui au couple de profiter d'une retraite paisible. Dès le seuil de leur demeure franchi, on note un rigoureux souci du détail. Mais surtout, on est frappé par l'amour débordant qu'ils vouent à leurs enfants et petits-enfants, nombreuses photos à l'appui. Leur pelouse est entretenue à la perfection, les fleurs qui jonchent le sol sont abondantes et les arbres sont bien taillés. L'ordre règne autant à l'extérieur qu'à l'intérieur, à une exception près : une affiche « Non aux gaz de schiste, un moratoire dès maintenant » trône au milieu du jardin. Telles les tulipes du début de l'été, ces carrés de plastique rouge et jaune poussent un peu partout au Québec depuis deux ans.

Quatre ans après le début de leur histoire, la plaie des Larin n'est toujours pas cicatrisée. « Avant, je dormais comme une bûche. Maintenant, je fais de l'insomnie », confie celui qui se lève parfois la nuit pour prendre des notes sur le gaz de schiste. Au péril de leurs santés psychologique et financière, les Larin ont entrepris de mettre un terme aux lourds travaux industriels ayant cours en plein centre de Saint-Louis et ils comptent parmi les rares Québécois qui ont décidé de se battre en justice contre une compagnie gazière. Cette décision contraire à leur nature donne à penser que peut-être cette plaie ne se fermera jamais complètement.

Le débarquement

L'histoire prend sa source en mai 2007, lors d'un après-midi tranquille où Odette et Roland Larin profitent de leur cour ensoleillée. Ils aperçoivent alors un homme travailler sur le vaste terrain situé derrière leur clôture. Ce lopin de terre appartient à leur deuxième voisin et constitue la zone blanche de la paroisse, une réserve de zonage résidentiel. Son propriétaire en a hérité il y a plusieurs années sans jamais l'exploiter. « Quelqu'un faisait de l'aménagement sur le terrain en abattant des arbres et en déblayant le sol, raconte Odette Larin. Il ne nous a rien expliqué de sa démarche. » Le couple pense accueillir de nouveaux voisins, mais réalise très vite que la cohabitation avec les nouveaux occupants ne se déroulera pas sans heurts. « Des arpenteurs sont ensuite venus y travailler, continue-t-elle. Mon mari est allé leur demander ce qu'ils faisaient, mais ils avaient reçu l'ordre de ne rien dire et Roland est revenu bredouille. »

Deux semaines plus tard, de la machinerie lourde commence à circuler à Saint-Louis. Pour se rendre au terrain vague, elle doit emprunter la route d'accès située sur la propriété des Larin. Un beau jour, alors que la dame fait un tour au milieu de ce capharnaüm naissant, le propriétaire du terrain voisin l'arrête. « Il m'a demandé si M. Perron m'avait contactée. Il m'a dit que ce M. Perron allait prendre contact avec moi. »

Quelques messages vocaux et rendez-vous avortés plus tard, les deux retraités reçoivent finalement Jacques Perron chez eux. Cet agent foncier de Gastem leur apprend qu'un puits de gaz de schiste va être foré à moins de 100 mètres de leur propriété.

Gaz de quoi ?

Sans aucun préavis, un véritable chantier s'implante pratiquement chez les Larin, leur cour devenant le théâtre d'une activité industrielle sans commune mesure avec celle que l'on rencontre habituellement dans un tel village. « Les compagnies veulent mettre les gens devant le fait accompli, estime Odette Larin. Une fois les travaux lancés, c'est difficile de contester. » Ils apprendront plus tard que le puits a été creusé en plein milieu du village parce que l'entreprise ne pouvait se permettre d'attendre l'accord de la Commission de la protection des terres agricoles du Québec (CPTAQ) pour forer dans un champ ; la foreuse que la gazière louait n'était disponible que pour un court laps de temps.

« Quand on a appris que c'était pour du gaz naturel, j'ai embarqué sur le téléphone, raconte Odette Larin. Un ministère à gauche, un ministère à droite... je voulais en savoir davantage. » Elle a finalement parlé à Jean-Yves Laliberté, coordonnateur de l'exploration à la Direction générale du développement des hydrocarbures du MRNF. Celui-ci s'est chargé de la rassurer. « Il avait lui-même visité le site et le jugeait conforme, se souvient Odette. Gastem détenait le permis et les travaux étaient sous-traités à une compagnie étrangère. » Le gouvernement avait donné le feu vert depuis longtemps.

Gastem, une gazière junior basée à Montréal, est bien la détentrice du permis d'exploration. Elle est dirigée par Raymond Savoie, qui fut député libéral d'Abitibi-Est de 1985 à 1994 et membre du Conseil des ministres de Robert Bourassa durant ces neuf années. En février 2007, sa compagnie a signé un contrat avec Canadian Forest Oil, filiale de l'entreprise américaine Forest Oil Corporation, qui est née en 1916 dans le nord de la Pennsylvanie et dont la valeur en Bourse atteint deux milliards de dollars. Dans une entente typique des jeunes gazières québécoises, Gastem s'y engage à transférer 60 % de la propriété de certains de ses permis à Forest Oil. La condition est que celle-ci doit investir dix millions de dollars pour explorer le sous-sol des 45 381 hectares de la « propriété Yamaska » de Gastem.

À Saint-Louis, c'est Forest Oil qui effectue tous les travaux de forage. La compagnie gère le chantier comme elle le fait depuis près de 100 ans aux États-Unis, où l'industrie du pétrole et du gaz est bien ancrée dans la culture. Mais l'entreprise oublie qu'il faut dresser un chien pour qu'il donne la patte. Les Larin n'avaient jamais entendu parler de Gastem et de Forest Oil avant juin 2007. Pour obtenir l'acceptabilité sociale, un concept qui leur est maintenant cher, les gazières devaient donc prendre cette ignorance en compte. Il était de leur devoir de renseigner davantage les gens, en premier lieu les familles installées à proximité d'un site de forage. Ce devoir d'information devient encore plus important quand le détenteur du permis n'est pas celui qui effectue les travaux de forage.

Lorsque Jacques Perron rencontre les Larin pour la première fois, des camions circulent déjà sur leur terrain depuis quelques semaines. L'agent foncier leur indique que Gastem doit leur offrir une compensation puisque le puits se trouve à moins de 100 mètres de leur propriété. Sa première offre est de leur fournir un climatiseur. « Comme ça, on pourrait fermer les fenêtres et ne pas être dérangés, lance une Odette Larin outrée. C'était du mépris. » En plein été, et sans leur accord, un forage impliquant de la machinerie lourde aurait lieu à 79 mètres de leur propriété et on leur offrait d'y rester enfermés à l'air conditionné pendant trois semaines. L'ampleur des désagréments était-elle ignorée ?

Jacques Perron leur offre donc de l'argent.

Une entente forfaitaire est négociée pour chaque jour de travail. En vertu des clauses de confidentialité attachées à l'entente, jamais les Larin ne pourront en divulguer le montant. Gastem se réserve également le privilège d'établir elle-même la durée des travaux. Pour ce faire, la gazière va utiliser les chiffres que lui fournira le contremaître du chantier, un employé de Canadian Forest Oil. Les Larin n'ont alors rien à signer. Une confirmation de l'entente leur sera postée et Jacques Perron reviendra à la fin des travaux pour fixer le nombre de jours à indemniser. C'est à ce moment-là que le document sera signé.

Les travaux se mettent en branle. Le couple ne ferme pas l'œil durant 22 jours. Vingt-deux jours au cours desquels des dizaines de camions crachent des émanations de diesel dans l'air et soulèvent des nuages de poussière sans discontinuer. Cinq cent vingt-huit heures de puissants vrombissements de génératrices. Trente et un mille six cent quatre-vingts minutes de bruit de roche qui se brise sous la foreuse. Un éclairage digne d'un terrain de football qui illumine le vaste chantier et leur propriété en tout temps.

Afin de rentabiliser la machinerie, Forest Oil exploite le chantier 24 heures sur 24, sept jours sur sept.

Tout s'arrête après trois semaines. Vingt-deux jours qui paraissent une éternité au couple, mais une période beaucoup plus courte selon Jacques Perron. Sans s'annoncer, l'agent foncier cogne à leur porte peu de temps après la fin des travaux. Les chiffres fournis à Gastem par le contremaître états-unien ne concordent pas avec ceux des Larin. « Nous n'étions pas d'accord, révèle la dame. Ils avaient enlevé quelques journées avant et quelques journées après. » Le couple s'incline et accepte l'estimation à la baisse. « On ne s'est pas battu, ajoute-t-elle. On voulait juste qu'ils sacrent leur camp. » Ils signent l'entente et Perron file. Un mois plus tard, leur chèque les attend dans la boîte aux lettres.

Odette et Roland Larin pensent alors en avoir fini avec ce cauchemar. Ils ont la paix pendant quelques mois.

Le débarquement (bis)

Un an plus tard, en juillet 2008, Jacques Perron revient à Saint-Louis pour annoncer aux Larin la phase II des travaux.

« On n'avait pas le choix, dit Odette Larin d'un ton las. Ils ont les permis, ils sont chez eux. » À ce moment de notre entretien, son impuissance devant l'inégalité générée par la Loi sur les mines semble peser lourd sur sa conscience. « On ne se couchera pas dans l'entrée pour les empêcher de travailler, explique-t-elle. On ne fait pas de la résistance citoyenne à ce point. » Une entente forfaitaire quotidienne qu'ils devront attendre de signer à la fin des travaux est négociée au même montant qu'en juin 2007.

La phase II dure 28 jours. Autant de nuits durant lesquelles le couple ne dort pas. Les mêmes camions soulèvent la même poussière et créent le même vacarme à forte teneur en diesel. Les mêmes génératrices vrombissent sans arrêt. La même foreuse brise la roche avec autant d'ardeur et d'échos. La même lumière irradie 24 heures sur 24, donnant l'impression qu'un match des Alouettes de Montréal se joue en continu.

Une fois les travaux terminés, Jacques Perron revient à Saint-Louis et applique la même stratégie. Les chiffres du contremaître étranger sont en deçà de ceux des Larin. Ceux-ci s'inclinent à nouveau, signent le document et regardent l'agent de Gastem quitter Saint-Louis. Cette fois, le chèque se fait attendre. Début octobre, toujours rien. Puis Jacques Perron vient finalement le leur remettre en personne plus de deux mois après la fin des travaux. Mais il ne s'est pas déplacé simplement pour discuter du retard de paiement.

Les deux premiers forages ont permis à Forest Oil de franchir le cap des 10 millions de dollars d'investissement. L'agent de Gastem leur annonce que l'entreprise est maintenant propriétaire du permis d'exploration à hauteur de 60 % et qu'elle s'apprête à lancer la phase III des travaux. Après avoir foré le puits lors des deux précédentes phases, la compagnie va désormais engager des travaux beaucoup plus intensifs. C'est l'étape de la fracturation hydraulique. Forest Oil va injecter des millions de litres d'eau, de produits chimiques et de sable à 1500-2000 mètres dans le sous-sol de Saint-Louis.

Jacques Perron demeure chargé de faire le pont avec la communauté et dépend maintenant de Melvin Stahl, *senior land advisor* de Forest Oil. Basé au Colorado, Stahl est directeur du conseil exécutif de l'APGQ et est aussi inscrit au registre des lobbyistes du Québec depuis le 26 avril 2010. De son bureau de Denver, c'est lui qui dorénavant prendra toutes les décisions concernant le puits de Saint-Louis.

La phase III se déroule sur une période de 92 jours, du 12 octobre 2008 au 11 janvier 2009. L'agent Perron avait prévenu le couple que ce serait « l'enfer », raconte Odette Larin, qui ajoute que le mot ne saurait être plus juste.

Puisque les Larin poursuivent Gastem et Forest Oil en Cour supérieure, les deux entreprises ont dû y déposer certains documents, dont les rapports quotidiens d'exploitation (*Daily Completion Reports*) pour la période couvrant les 92 jours de la phase III. Aucune autre gazière en activité au Québec n'a jamais dévoilé de tels documents et l'information qui s'y trouve est en temps normal tenue secrète. On y apprend que Canadian Forest Oil a utilisé 6,7 millions de litres de *load fluid*, 37 986 litres d'additifs chimiques et 1,2 million de livres de sable pour fracturer le puits de Saint-Louis. Comme le terme *load fluid* n'est pas défini, il est impossible de savoir si ces 6,7 millions de litres sont uniquement de l'eau, ou s'il s'agit d'un mélange d'eau et de produits chimiques. Les rapports révèlent que ce mélange a été injecté dans le puits entre le 24 et le 28 octobre.

Se déroulant à deux minutes de marche de chez les Larin, l'opération qui est au cœur de l'exploitation du gaz de schiste dure donc quatre jours. Pendant 96 heures, des mastodontes injectent l'équivalent de plus de 300 camions-citernes de liquide dans le puits pour fracturer la roche et libérer le gaz du *shale* d'Utica.

La qualité de l'air autour de leur maison se dégrade alors à la vitesse de l'éclair. « On avait besoin de masque, comme en Chine, tellement c'était pollué, se souvient Roland Larin. Ça puait, l'air était blanc, blanc, blanc et il y avait un smog, une espèce de brouillard. » Descendre les cinq marches de son perron pour aller nourrir ses chats suffit à couper le souffle d'Odette Larin. « Là, j'ai eu des problèmes, confie-t-elle avec émotion. J'avais des palpitations cardiaques, ce que je n'avais jamais connu. Les yeux et la gorge me brûlaient. »

Le gaz libéré par la fracturation commence à sortir de la roche poreuse qui, jusque-là, et ce depuis 450 millions d'années, le retenait prisonnier. Forest Oil analyse la quantité de gaz qui sort du puits au moyen d'une torchère qui le brûle, produisant une flamme haute d'une centaine de pieds qui illumine toute la propriété du couple. Nommée *flaring*, cette opération permet de réaliser des rapports de production qui serviront à établir le potentiel gazier du puits et de la région. Selon les documents déposés en cour, ces analyses ont lieu entre le 5 novembre 2008 et le 2 janvier 2009. Au total, le gaz brûle et la flamme jaillit au cours de 40 différentes périodes de 24 heures.

Le couple aurait peut-être enduré cette situation en silence, n'eût été l'explosion qui leur fait perdre le sommeil pour de bon. En pleine nuit, ce *kick* de gaz soulève une flamme qui illumine les sept rues du village de Saint-Louis et provoque une explosion qui fait trembler la terre. « La maison branlait et les vitres étaient secouées, raconte Roland Larin. Je me suis réveillé cette nuit-là et je ne me suis jamais vraiment rendormi. » Le souvenir est gravé à jamais dans sa mémoire. Celui qui jadis « dormait comme une bûche » gardera désormais un œil toujours bien ouvert.

Dans son mémoire déposé au BAPE en vue des audiences, Gastem reconnaît les « nuisances » qu'elle a infligées aux Larin. La compagnie va même jusqu'à souligner l'insuffisance des exigences de la Loi sur les mines :

> En vertu de la réglementation existante, l'emplacement de la foreuse est permis à un minimum de 100 mètres d'une résidence. Selon notre expérience, ce minimum n'est plus souhaitable et constitue une cause importante d'irritation et de nuisance. Bien que nous ayons déjà vécu une situation où un puits se trouvait à seulement 100 mètres d'une résidence, il est clair que cela n'est ni dans l'intérêt des opérations, ni des propriétaires. À notre avis, **la distance idéale entre le site du forage et une résidence devrait être de plus de 200 mètres avec compensation additionnelle dans le cas où le forage serait situé entre 200 et 500 mètres.** De plus, des mesures d'atténuation

> du bruit et de l'éclairage devraient être prévues lors des travaux de forage. (L'emphase est de Gastem.)

Gastem et Forest Oil se présentent comme des entreprises « socialement responsables ». Est-on en droit de s'attendre, en 2011, à ce que des entreprises qui se disent « socialement responsables » communiquent les risques potentiels de leur activité aux principaux intéressés ?

Les Larin ne sont pas devenus furieux en se levant le matin, ni en cueillant une tulipe dans le jardin ou en bricolant la clôture. De leur cuisine, ils ont vu pousser un chantier en fonction 24 heures sur 24, 7 jours sur 7. En 2007, pas en 1950, aucun être humain, aucune entreprise ni même le gouvernement n'a daigné les informer. Ils ont dû tout découvrir par eux-mêmes.

« Vous ne souffrez pas réellement et votre histoire est sans intérêt. » À plus d'une reprise, c'est le message que Melvin Stahl, de son bureau au Colorado, aurait ordonné à Jacques Perron de transmettre aux Larin. Pour l'États-Unien, une compensation financière couvrant 92 jours de travaux est inimaginable, d'autant que les Larin demandent alors à être dédommagés davantage que lors des phases I et II. La position de Forest Oil est donc de brandir son permis d'exploitation et de se placer au-dessus de tout soupçon d'ordre juridique.

Ce comportement réveille l'esprit gaulois du couple. « Comment l'*homo sapiens* réagit-il lorsqu'il se sent attaqué ? Deux choix s'offrent à lui : ou il s'écrase et s'enfuit, ou il se lève, affronte et attaque. Dans notre cas, cette révolte nous a conduits à l'affrontement », a souvent répété Odette Larin[1]. Rien ne prédestinait ce couple de retraités à mener un combat en cour contre de puissantes gazières, mais ils font alors le choix de se battre,

1. Voir en annexe la transcription du discours d'Odette Larin lors d'une manifestation à Montréal, le 18 juin 2011. La vidéo de ce discours peut être visionnée sur Youtube.

de déclarer la guerre. Un avocat dont ils peuvent difficilement se payer les services est embauché à grands frais et une mise en demeure est envoyée aux deux gazières. Les Larin souhaitent faire fermer le puits à Saint-Louis.

Les enfants du couple sont inquiets. Ceux qui, dans les mots d'Odette Larin, « veillent sur [eux] avec vigilance et dévotion » leur conseillent « d'abdiquer, d'acheter la paix et de s'incliner ». Impuissants, ils assistent au saut dans le vide de leurs parents. Ce vide, c'est celui du gouffre qui sépare des amateurs et des professionnels s'affrontant dans un combat légal de ligues majeures.

« Vous voulez vous battre contre nous ? Bonne chance ! » Voici ce que leur aurait répondu l'agent foncier Jacques Perron quand le couple lui a annoncé son intention de faire appel à la justice. Ce souvenir demeure vif dans l'esprit des deux retraités.

Le combat

Selon Odette Larin, « dès qu'ils ont reçu la mise en demeure, ils ont commencé à négocier d'avocat à avocat. » Gastem et Forest Oil les prennent enfin au sérieux.

Après plusieurs mois de vains pourparlers, les Larin perdent patience. Ils mandatent leur avocat pour déposer une requête auprès de la Cour supérieure du Québec et imposer une injonction à Gastem inc. et Canadian Forest Oil Ltd. afin que cesse tout forage à Saint-Louis. Ils demandent également 75 000 dollars de dommages et intérêts, le montant minimum pour que la requête soit reçue. « On s'en fout de l'argent ! s'exclame Odette Larin. Ce qu'on veut, c'est la paix chez nous. On veut qu'ils ferment le puits. »

Le dépôt de leur requête prend deux semaines, ce qui permet aux gazières d'avoir vent de la manœuvre. Jacques Perron fait aussitôt savoir aux Larin que le président de Gastem, Raymond Savoie, est disposé à régler le conflit hors cour. C'est la première d'une série de trois tentatives entreprises par Gastem afin d'éviter la tenue d'une audience devant le juge.

Me Estelle Dufresne, conseillère juridique de Gastem, est ensuite dépêchée pour accoster les Larin à leur sortie du palais de justice. Sans succès. À la troisième reprise, le couple s'apprête à signer une entente. Mais ils finissent par prendre connaissance des clauses de confidentialité qui y sont attachées. « En 2008, on était bâillonnés à avoir la bouche étirée, raconte Odette Larin. Là, les contraintes nous étouffaient à nous rendre bleus. » Leur avocat n'est pas présent à cette rencontre, mais le couple croit comprendre que l'entente stipule qu'il revient à Gastem de juger de ce qu'ils peuvent ou non partager de leur histoire. « Si on s'ouvrait la trappe et qu'ils jugeaient nos paroles inacceptables, ils pouvaient nous saisir le montant fixé dans l'entente sans même l'intervention d'un juge », explique la dame. Leur refus de signer met définitivement un terme aux négociations.

Le lundi suivant, ils racontent publiquement leur histoire pour la première fois à l'émission *Maisonneuve en direct*, sur la Première Chaîne de Radio-Canada. « Depuis ce temps, je sors sur toutes les tribunes qui me sont offertes, raconte Odette Larin. Notre histoire a fait le tour du monde et j'ai énormément voyagé pour la raconter, ce qui est très inhabituel pour moi. » Afin de continuer son combat, la dame est aujourd'hui conseillère municipale à Saint-Louis, une autre décision aux antipodes de sa nature.

Depuis le dépôt de leur requête auprès de la Cour supérieure en mai 2009, aucune activité de quelque nature n'a eu lieu sur le terrain derrière la maison des Larin. « Depuis ce temps-là, on a la paix chez nous », lance fièrement la dame. Leur audience en cour devait avoir lieu en juin 2011, mais elle a été reportée à une date encore inconnue en 2012. Peut-être qu'à ce moment-là, Roland Larin dormira à nouveau comme une bûche.

Gastem nous a envoyé des documents de l'entreprise mais a refusé de nous parler.

Ennemie à vie en 150 jours

« Quand vous serez pognés avec, vous ne pourrez pas dire qu'on ne vous l'a pas dit », lance Suzanne Milette.

Son mari et elle, tous deux vétérinaires dans la quarantaine peuvent également témoigner du « calvaire » du gaz de schiste. Dans le secteur de Saint-Grégoire, à Bécancour, ils habitent une maison acadienne datant du 18e siècle à proximité de laquelle se trouvent plusieurs monuments classés historiques. Au nombre de ces pièces de notre patrimoine, une église construite en 1806, Saint-Grégoire-le-Grand, et le moulin Michel, érigé 15 ans après la conquête britannique, en 1774.

De grands arbres cachent le champ attenant à leur demeure où pousse du soja biologique. Sans en aviser les voisins, l'agriculteur qui possède cette terre s'entend avec Junex à l'été 2009 pour l'autoriser à y creuser un puits de gaz de schiste. Le forage se déroule non pas à 800 mètres de la maison ancestrale des deux vétérinaires, comme le prévoyait la compagnie, mais à 130 mètres. L'agriculteur, qui n'habite pas à proximité du puits, souhaite ainsi minimiser sa perte d'espace cultivable. Plus près de la maison des Milette se trouvera donc le puits et moins grand sera le tronçon de route construit dans son champ pour permettre à la machinerie lourde de Junex de circuler.

En juin, Suzanne Milette constate que des structures sont ajoutées à la route qui passe devant chez elle afin de la surélever et de la renforcer. Elle comprend vite la raison de ces travaux quand, une fois la route modifiée, la compagnie entre en contact avec son mari et elle. « Ils sont venus nous dire qu'ils foraient un puits d'exploration pour le gaz de schiste, se rappelle la Bécancouroise, qui n'avait encore jamais entendu le mot "schiste". Les travaux devaient durer un mois. »

Ils s'étalent finalement jusqu'à novembre, soit une durée de cinq mois. Avant que la tour de forage ne s'effondre fin juillet, le chantier fonctionne 12 heures chaque jour. Mais ce malheureux accident fait dérailler l'échéancier de l'entreprise et le rythme de production augmente à 24 heures sur 24, 7 jours sur 7. Résultat ? Un spectacle son et lumière d'une durée de 120 jours. Le chantier est éclairé sans interruption et cette luminosité s'accompagne d'un assourdissant bruit d'activité industrielle. Cela sans compter le va-et-vient des véhicules lourds qui circulent jour et nuit. Bien que 130 mètres séparent la maison du puits, « toute la machinerie lourde, elle, passe à 15 mètres de la fenêtre de notre chambre sur la route de passage devant la maison », témoigne Suzanne Milette.

Bécancour, dont le slogan est « Vivre et grandir », n'est plus tranquille.

Pour réduire le bruit du chantier, un remblai de terre haut d'une dizaine de mètres est construit par Junex. « On est habitué, nous autres, à ça. Nous autres, on ne trouve pas que c'est si bruyant que ça. Les remorques étaient toutes ici et nos gars, ils dorment. Tu viens un temps que tu t'habitues. C'est comme lorsque le train passe en arrière de la maison chez toi : à un moment donné, tu ne sais plus combien il en passe par jour », explique à Radio-Canada l'agent de Junex, Jean-Marie Caron, en novembre 2010.

En effet, les Milette finissent par perdre le compte du nombre de camions qui passent à 15 mètres de chez eux. Mais la situation ne devient jamais anodine et le bruit constant joue sur les nerfs de la vétérinaire. « Tu te mets des bouchons dans les oreilles, mais tu les entends encore plus », raconte-t-elle. Contrairement à leurs voisins, les Milette ne sont pas protégés par le remblai de terre. Leur maison se trouve trop près du puits et la route d'accès, située en plein dans l'axe du puits et de la maison, empêche que le remblai les isole du bruit et de la lumière du chantier.

« À cause de cette route, la maison vibrait comme des milliers de tremblements de terre », raconte la dame, qui concède que Junex a été bon joueur en demandant à ses chauffeurs de réduire leur vitesse pour minimiser le bruit. Malgré cet effort, les défilés nocturnes demeurent pénibles. À tel point qu'elle fait même appel aux policiers pour tenter d'empêcher les travaux entre minuit et cinq heures. Les forces de l'ordre se montrent parfaitement impuissantes devant la Loi sur les mines. Le permis de Junex est valide.

Le sommeil des deux vétérinaires, qui travaillent chacun plus de 60 heures par semaine, est mis à rude épreuve. Chaque jour, ils sont appelés à poser des diagnostics rapides, à consulter et à opérer des quadrupèdes considérés comme des membres à part entière d'une famille. Si la fatigue au volant peut être tragique, manier le scalpel avec des capacités réduites l'est tout autant. L'épuisement complique également leur vie de couple, chaque petit tracas peut devenir explosif. « On devenait agressif », confie Suzanne Milette.

Cinq mois s'écoulent et arrive novembre. Junex quitte Bécancour sans procéder à la fracturation hydraulique. Les deux puits que l'entreprise a forés à Saint-Grégoire lui permettent de conclure que le potentiel gazier y est excellent. Lors de la séance d'information présidée par André Caillé et tenue par l'APGQ à Bécancour le 14 septembre 2010, Junex annonce que le puits creusé à 130 mètres de la maison des deux vétérinaires sera le fer de lance d'une série de 8 à 12 nouveaux puits similaires.

Les 150 jours écoulés entre juin et novembre 2009 suffisent à faire de Suzanne Milette une ennemie à jamais de l'industrie gazière. « Je ne suis pas capable d'avoir de paix morale », conclut-elle, exaspérée. Le puits continue aujourd'hui d'alimenter cette rivalité puisqu'il compte parmi les 18 puits au Québec qui présentent des fuites de gaz.

CHAPITRE VII

On ne va pas se laisser forer

« Une idée ne changera jamais le monde. Ce sont les gens qui tiennent à cette idée qui pourront le faire changer. »
CLAUDE RYAN

Odette Larin s'empresse d'appeler au MRNF dès qu'elle apprend qu'un puits de gaz de schiste est creusé pratiquement dans sa cour, en juin 2007. Sans donner plus de détails, le fonctionnaire chargé du dossier, Jean-Yves Laliberté, lui aurait dit que la gazière détenait les permis et qu'elle n'avait rien à craindre.

Suzanne Milette et son mari sautent également sur le téléphone en juin 2009. La Bécancouroise déchante rapidement face à une administration publique qui protège l'information et contre laquelle elle ne fait pas le poids. Deux ans plus tard, elle essaie d'en rire lorsqu'elle raconte que son mari et elle ont appelé si souvent au ministère qu'une alarme y retentit désormais quand l'afficheur indique leur numéro. « J'ai fait tout ce que je pouvais, dit-elle, révoltée devant son impuissance. J'ai frappé à toutes les portes et je me suis épuisée à appeler partout pour avoir une réponse. Un grand mur sans issue s'est dressé devant moi. Aurait-il fallu que je me couche devant le puits ? »

La désobéissance civile pour faire changer les choses, Philippe Duhamel, un homme dont les cheveux grisonnants témoignent de 20 ans de militantisme, en connaît quelque chose. Il est un des piliers de la campagne *Moratoire d'une génération*, mouvement à l'origine d'une marche de 666 kilomètres qui débute le 16 mai 2011 à Rimouski et se termine le 18 juin à Montréal. Durant 34 jours, un noyau d'une vingtaine de Québécois de tous âges marche à travers 33 municipalités situées le long du Klondike du Québec, le *shale* d'Utica. « Si on va de l'avant avec les gaz de schiste, il va falloir qu'on les bloque physiquement, indique Philippe Duhamel au quotidien *Le Soleil*, peu avant la marche. En démocratie, quand le consentement ne semble plus nécessaire à l'art de gouverner, il faut se mettre en travers[1]. »

Jamais de leur vie les Larin ou Suzanne Milette ne se sont approchés de ce type de militantisme. Aujourd'hui, ces citoyens sont prêts à se coucher devant les camions ou à s'attacher au puits si les gazières « osent » revenir dans leur cour.

Le mur dont parle Suzanne Milette, c'est la culture du secret qu'encourage la Loi sur les mines, grâce à laquelle le gouvernement vend le sous-sol du Québec sans appel dès mai 2006. Les municipalités ne reçoivent alors aucun avertissement. Ce n'est que lorsque des citoyens voient des foreuses débarquer dans leur cour que le sujet éclate au grand jour.

Devant ce silence et ce manque de données disponibles, l'Association québécoise de lutte contre la pollution atmosphérique (AQLPA) est la première à demander un moratoire sur l'exploration et l'exploitation du gaz de schiste au Québec, en septembre 2009. « Un moratoire, ce n'est pas dire non, c'est prendre le temps qu'il faut pour bien faire les choses », explique André Belisle, le président de l'organisme.

1. « Témoignage de Philippe Duhamel : de la mondialisation aux gaz de schiste », *Le Soleil*, dimanche 17 avril 2011, p. 8.

L'information qu'est alors incapable de fournir le gouvernement doit devenir accessible et ce sont les Québécois eux-mêmes qui vont se charger d'aller la chercher.

La première pierre

C'est dans un pittoresque village fondé au 19e siècle dans la vallée du Richelieu que le premier pavé est jeté dans la mare. À Saint-Marc-sur-Richelieu se forme le premier groupe de mobilisation citoyenne qui va ensuite influencer d'autres paroisses, villages et communautés du Québec.

Durant la campagne des élections municipales du 1er novembre 2009, Kim Cornelissen, une citoyenne de Saint-Marc, est invitée à une « assemblée de cuisine » à propos du gaz de schiste. La consultante en développement durable et vice-présidente de l'AQLPA alerte promptement ses voisins, Pierre Batellier, chargé de cours à HEC, Johanne Béliveau, entrepreneure et spécialiste en histoire environnementale et Lucie Sauvé, professeure titulaire de la Chaire de recherche du Canada en éducation relative à l'environnement de l'UQAM. Ensemble, les quatre avaient gagné en 2000 leur combat contre le projet d'implantation d'une mégaporcherie à Saint-Marc. Une fois de plus réunis, ils découvrent qu'en vertu de la Loi sur les mines, tout le sous-sol du territoire de la municipalité appartient maintenant à Molopo, une gazière australienne. Québec a ouvert le registre des hydrocarbures en mai 2006, et Molopo a pris possession du territoire vierge de Saint-Marc peu de temps après.

Jean Murray devient le nouveau maire de Saint-Marc le 1er novembre 2009. Il reconnaît un potentiel certain à la filière gazière, « mais pas au prix de la santé de ceux que je représente », dit-il. Pour lui, le métier d'élu est avant tout de parler au nom de ses administrés, et ceux-ci s'inquiètent de la présence d'une gazière dans le village. Le nouveau conseil municipal vote donc une résolution qui enjoint à la MRC de la Vallée-du-Richelieu de demander un moratoire à Québec. Les élus de la Ville veulent obtenir davantage d'information sur les forages avant de s'engager.

Cette prise de position pousse Molopo à rencontrer le nouveau conseil municipal de Saint-Marc en février 2010. « La réunion s'est très mal déroulée, raconte Pierre Batelier. Ils ne parlaient que l'anglais et plusieurs questions sont demeurées sans réponse. » En voulant calmer le jeu, l'entreprise australienne se tire plutôt dans le pied. Jean Murray explique que la gazière se montre alors incapable de révéler la composition du liquide de fracturation et qu'il était inconcevable que l'on injecte dans le sous-sol de sa municipalité des produits chimiques inconnus et potentiellement nuisibles à la santé de ses résidents.

Début 2010, sa demande de moratoire en incite d'autres à exiger l'intervention de Québec : les MRC de Pierre-de-Saurel, de Bécancour, de Nicolet-Yamaska, du Haut-Richelieu, du Haut-Saint-Laurent, des Maskoutains, de Lajemmerais, les élus de Saint-Mathias, la Ville de Longueuil, le Regroupement national des conseils régionaux de l'environnement du Québec (RNCREQ) et les conseils régionaux de l'environnement de la Montérégie, du Centre-du-Québec et de Chaudière-Appalaches.

Mais le gouvernement Charest ne bronche pas et la demande d'information de Saint-Marc reste lettre morte. Le 4 mai, une deuxième résolution sur le gaz de schiste est votée par le conseil municipal que dirige Jean Murray. Cette fois, il s'oppose « à tout projet d'exploration et d'exploitation du gaz de schiste sur son territoire ». Tant que le MRNF ne lui confirmera pas par écrit que l'exploration et l'exploitation de la ressource ne représentent aucun risque pour l'environnement, la santé et la sécurité des résidents, la municipalité oppose une fin de non-recevoir aux gazières.

Les hostilités sont lancées

Le « groupe des quatre » formé de Cornelissen, Batelier, Béliveau et Sauvé lance de son côté ses recherches sur le sujet dès février. Quelques mois plus tard, il publie *Québécois, Québécoises, dormez-vous aux gaz de schiste ?*, une synthèse du dossier qui se veut un « contrepoids au discours jovialiste de l'industrie gazière ». Dans une tentative d'alerter tous les Québécois sur le fait que le sous-sol ne leur appartient plus, le document d'une soixantaine de pages est envoyé aux élus de tous les paliers ainsi qu'aux journalistes. Le groupe organise également des soirées d'information à Saint-Marc, puis ailleurs. C'est le début des assemblées citoyennes sur le gaz de schiste.

Les quatre militants sillonnent l'autoroute 20 pour rencontrer les habitants des régions touchées par les permis gaziers. Armés de leur document de recherche, ils s'arrêtent dans les salles communautaires de plusieurs villes et villages pour informer les dizaines de personnes qui s'y entassent à chaque fois, dont la plupart ont la tête grise.

La majorité des gens qui assistent aux séances du groupe sont des retraités, des membres du « pouvoir gris » du Québec. Alertés, plusieurs prennent alors le temps de se renseigner et même de se familiariser avec Internet afin d'approfondir leurs connaissances.

Gérard Montpetit, un enseignant à la retraite de La Présentation, illustre bien la vigueur de ces têtes grisonnantes qui, grâce au temps dont ils disposent, ont le potentiel de se transformer en arme de mobilisation citoyenne. Gérard Montpetit s'informe sur le sujet en dévorant quantité d'articles autant scientifiques que d'actualité. Il entre même en contact avec des gens de la Pennsylvanie qui connaissent bien l'industrie. Ce qu'il découvre alors le perturbe et le pousse à partager ses craintes lors de nombreuses soirées citoyennes auxquelles il participe. Celui qui se décrit comme « très théorique et loin du terrain » n'aurait jamais cru posséder de telles capacités. Qu'à cela ne tienne, c'est corps et âme qu'il se lance dans la mobilisation à compter de mai 2010.

Serge Fortier n'est pas retraité, mais il est un autre de ceux que le « groupe des quatre » réveille. Ce consultant paysagiste et conférencier dans la quarantaine forme, avec son ami Pierre Bluteau, un comité de vigilance dans Lotbinière-Bécancour. Aujourd'hui porte-parole de ce qui est devenu le Comité interrégional gaz de schiste de la vallée du Saint-Laurent, il veut « renseigner les citoyens et leur révéler l'envers de la médaille de cette belle filière que Nathalie Normandeau est venue vanter dans Lotbinière-Bécancour en août 2010 ». D'urgence, la ministre entame alors une tournée des régions concernées par les gazières pour y débiter les avantages économiques de la filière.

Pour répondre à l'éventail de questions économiques, politiques, scientifiques et écologiques que soulève le dossier, il faut toutefois posséder une vaste somme d'informations. Le gouvernement n'en dispose alors d'aucune et se fie plutôt ouvertement aux données de l'industrie gazière. En août 2010, la ministre Normandeau est totalement dépourvue d'expertise indépendante. Son intervention laisse Serge Fortier sur sa faim et le galvanise. Il se dit que la mobilisation citoyenne sera massive dans Lotbinière-Bécancour. Il a tort.

Premièrement, les agriculteurs qui peuplent en majorité la région de Serge Fortier ne sont pas précisément des manifestants dans l'âme et ils le sont encore moins l'été, occupés à travailler sur leurs terres du lever au coucher du soleil. Si se déplacer à une réunion d'information est pour eux difficile, les inciter à mener des actions concrètes relève de l'exploit. Deuxièmement, l'honnêteté intellectuelle impose qu'on dresse un tableau nuancé de la situation. Mais les nuances ne convainquent pas autant que les arguments de Nathalie Normandeau et de l'APGQ : sécurité absolue, aucun danger ni pour l'environnement ni pour les nappes phréatiques, création de nouveaux emplois et prospérité économique à la clé. « C'est de la pure démagogie, lance Serge Fortier. Ce n'est pas vrai que tout le monde il est beau, tout le monde il est gentil. »

D'un côté, les gazières bénéficient d'un préjugé favorable du gouvernement et travaillent ensemble à promouvoir des forages peu orthodoxes qu'elles souhaitent réaliser sur des terrains déjà *claimés*. Des millions de dollars dépendent de leur *acceptabilité sociale* et l'APGQ ne lésine pas sur le marketing devant la montée de la grogne.

De l'autre côté, des groupes de citoyens informent entre 40 et 50 têtes grises par soir dans des salles qu'ils louent, sans que ce soit leur activité principale et sans être rémunérés. Ce temps et cette énergie représentent un investissement qui ne se calcule pas de la même façon que les dollars de l'industrie. « Certains ont magané leur santé alors que d'autres ont pris des pauses ou des vacances, et la mobilisation s'est un peu épuisée, raconte Serge Fortier. Ça coûte cher de se mobiliser et on a nos vies à vivre ! »

La vague

Chacun composé d'un noyau d'une dizaine de citoyens, de petits groupes se sont donc formés le long des berges du Saint-Laurent. Le « groupe des quatre », Serge Fortier et d'autres y sèment les graines d'un mouvement de réappropriation du territoire. D'autres voix se joignent à la parade et demandent un moratoire : Bernard Landry, le Parti québécois, Québec solidaire, le Parti vert du Canada, la FTQ, Équiterre, Eau secours !, Nature Québec, Greenpeace, l'Union paysanne, l'Union des consommateurs, Maîtres chez nous - 21e siècle, les Amis du Richelieu.

À la fin de l'été 2010, la marmite commence à bouillir. Les permis vendus depuis mai 2006 sont finalement disponibles sur la place publique québécoise où une information de plus en plus abondante circule au sujet du gaz de schiste. La ministre Normandeau n'arrive plus à rassurer la population et les craintes se multiplient. Sa tournée des régions est un échec. Le gouvernement ne contrôle plus le message. Depuis le début, les libéraux persistent à refuser l'idée d'un moratoire. Le premier ministre Charest martèle sur toutes les tribunes qu'il en est hors de question. Sans revenir sur cette décision, le gouvernement se doit de réagir car il voit bien que le couvercle du mécontentement populaire est sur le point d'exploser.

Fin août, les choses se débloquent. Le 29, le ministre de l'Environnement, Pierre Arcand, annonce qu'il donne cinq mois au Bureau d'audiences publiques sur l'environnement (BAPE) pour rédiger un rapport sur le « développement durable de l'industrie » du gaz de schiste au Québec. L'organisme de consultation publique doit engager des experts scientifiques pour évaluer tous les enjeux du dossier et proposer un cadre de développement de l'exploration et de l'exploitation ainsi que des orientations pour un encadrement légal et réglementaire. Les commissaires bénéficient seulement de 35 jours pour se préparer avant le début des audiences publiques, prévu le 4 octobre, à Saint-Hyacinthe.

En demandant au BAPE de s'intéresser au « comment » de la filière et non au « pourquoi », le ministre confie alors aux commissaires un mandat qui confirme implicitement le développement de l'industrie gazière au Québec. « Mandat tronqué ! » s'exclament tout de suite la presque totalité de ceux qui composent le mouvement d'opposition citoyenne. Ce signal d'alarme est aussitôt relayé par 11 universitaires et ex-commissaires du BAPE qui accusent le gouvernement de chercher à discréditer l'institution en ne lui accordant pas assez de temps pour faire son travail. Même une sommité du domaine de la participation publique comme André Beauchamp, président du BAPE entre 1983 et 1987, fait partie du groupe, un fait rare compte tenu du devoir de réserve qu'impose la fonction. Sa présence ajoute au sérieux de ce « groupe des 11 ».

« Notre sortie ne visait pas à planter le BAPE », souligne un autre membre du groupe. Jean Baril est un avocat spécialisé en droit de l'environnement et doctorant à la Faculté de droit de l'Université Laval, où il prépare une thèse sur le droit d'accès à l'information environnementale. « Le BAPE ne disposait d'aucune étude et a lui-même affirmé qu'il aurait besoin de deux à trois ans pour étudier le dossier », continue Jean Baril. À l'instar du conseil municipal de Saint-Marc-sur-Richelieu en décembre 2009, le BAPE demande plus de temps au gouvernement afin de mettre la main sur tous les détails concernant le mode de fonctionnement de l'industrie. Mais la pression populaire force les libéraux à le convoquer à toute vitesse. « C'est la première fois dans l'histoire des études environnementales au Québec qu'on le convoquait sans que le public ait accès à la moindre information », raconte l'avocat.

Quand le BAPE est mandaté pour étudier la production porcine, en 2002, on en informe les commissaires plusieurs mois à l'avance. Ils sont ainsi en mesure de commander des études au besoin, de rassembler toute l'information disponible et de la rendre publique 45 jours avant le début des audiences. Même lors d'un simple projet d'agrandissement d'une marina, les citoyens disposent de 45 jours pour prendre connaissance de l'information ainsi publiée. Dans le cas du gaz de schiste, les commissaires ont 35 jours pour rassembler l'information, ce qui ne leur laisse pas le temps de commander des études.

Huit jours après le début du mandat du BAPE, le MRNF publie un document technique sur le gaz de schiste qui fait 20 pages et ne contient aucune source. « C'est un torchon, s'offusque Jean Baril. Même au cégep, un tel travail mériterait un échec ! » Lors du premier jour des audiences publiques, le ministère de l'Environnement dépose pour sa part un document plus sérieux qui fait 80 pages. À titre comparatif, l'étude que réalise Hydro-Québec lors de son projet de harnachement de la rivière Romaine est achevée au bout de quatre ans et fait plus de 2500 pages, sans compter les cartes géographiques et les tableaux.

Ces minces 35 jours sont également lourds de conséquences pour ceux qui souhaitent participer aux audiences de la commission. « On n'avait rien pour se préparer, explique Jean Baril. Aucune étude, aucune documentation, aucune information. » Déjà essoufflés, les citoyens mobilisés doivent réagir rapidement s'ils veulent participer à la première partie qui débute le 4 octobre, celle où ils peuvent poser des questions aux promoteurs. Le BAPE indique que ces questions servent aussi à « compléter l'information disponible, exposer leurs préoccupations sur un sujet précis, signaler des éléments d'intérêt ou présenter des suggestions et des commentaires susceptibles d'éclairer la commission sur les sujets soumis à son analyse ».

Ce n'est guère mieux pour la deuxième partie des audiences publiques, celle où les citoyens font la lecture des mémoires qu'ils ont déposés à la commission. Ils ont jusqu'au 28 octobre pour signaler leur intention d'en déposer un et jusqu'au 11 novembre pour le faire. Un hypothétique citoyen qui souhaite alors participer au processus mais qui ne connaît rien au gaz de schiste en août, quand Pierre Arcand mandate le BAPE, se voit accorder moins de deux mois pour s'informer sur le sujet et rédiger un mémoire.

En demandant au BAPE de lui proposer la meilleure façon de développer la filière et en accordant si peu de temps aux commissaires et aux citoyens pour se préparer, le ministre Arcand contribue à créer l'impression que le gouvernement tente de court-circuiter la population. « Nous pouvons comprendre si on nous explique, poursuit Jean Baril. Mais si on ne nous dit rien et qu'on passe un projet en cachette, on sort carrément du 21e siècle. » L'avocat est convaincu que les prochaines avancées de la démocratie viendront des phénomènes de participation citoyenne. « Nos dirigeants ne peuvent pas prendre des décisions qui engagent les générations futures sans nous informer convenablement, croit-il. Surtout, ils ne peuvent pas le faire sans nous consulter. »

Le lendemain de la convocation du BAPE, l'APGQ annonce sa campagne de marketing, soit la tenue de trois « assemblées publiques ». Le mandat que le ministre Arcand a confié à l'organisme « n'était pas le scénario souhaité par l'industrie », souligne par communiqué le président de l'APGQ, André Caillé, qui ira lui-même rencontrer les citoyens à Bécancour le 14 septembre, à Saint-Édouard-de-Lotbinière le 21 et à Saint-Hyacinthe le 28. « Je serai présent sur le terrain avec des experts crédibles afin d'écouter, de consulter et d'expliquer tout en répondant avec honnêteté et transparence aux questions des citoyens et de leurs élus », déclare-t-il.

Les travaux du BAPE catapultent encore davantage le dossier sur la place publique. Ce ne sont plus seulement les régions concernées qui s'intéressent à la question, mais tout le Québec. Les remous que créent les groupes de mobilisation dans leurs communautés portent leurs fruits. La vague du mouvement de réappropriation qu'ils souhaitent voir déferler sur le Québec est à portée de vue.

La convocation du BAPE fait craindre à Dominic Champagne que la mobilisation populaire ne s'essouffle. L'auteur et metteur en scène prend alors la parole et la plume avec verve pour s'exprimer au sujet du gaz de schiste. « Je ne parle qu'en mon nom, donc beaucoup de gens peuvent s'identifier à moi », explique le talentueux dramaturge qui vient donner une voix au mouvement.

Son histoire débute alors qu'il profite de ses vacances estivales en 2010. Avec femme et enfants, le bourreau de travail jouit de la beauté et de la quiétude que leur offre leur terre familiale de Deschaillons-sur-Saint-Laurent, un territoire peuplé par les ancêtres de sa conjointe dès le 17e siècle. Il découvre qu'une gazière a *claimé* le sous-sol des lieux et accompagne son beau-père à l'une des trois séances d'information de l'APGQ. Tout de suite, l'homme de théâtre sent que l'industrie cherche à faire « avaler des couleuvres » à ses concitoyens. Il est piqué au vif. Le cri du cœur du poète Claude Péloquin, « Vous êtes pas écœurés de mourir, bande de caves ? », ne cesse d'occuper ses pensées. Son don mensuel à Nature Québec ne suffit soudainement plus.

Dès qu'il entend André Caillé vanter les mérites du gaz de schiste, il s'active afin de partager l'information avec la communauté de Deschaillons. Il se plante en face du marché général du village et demande à tous ceux qu'il voit de signer sa pétition enjoignant au conseil municipal de refuser de donner son eau aux gazières. Plusieurs acceptent, alors que d'autres ne sont pas en mesure de lire le document et passent leur tour. Il est frappé par « la résignation de ceux qui ne veulent ni savoir, ni faire de vagues ». Ce choix de l'ignorance devient son pire ennemi. « Je ne peux pas laisser tomber les ignorants et leur ignorance, même s'ils me font chier », lance-t-il.

L'été terminé, il rentre à Montréal avec l'idée de réaliser une vidéo. Roy Dupuis, Christian Bégin, Alexis Martin et une vingtaine d'autres artistes le soutiennent pour dire « Wô ! » au gouvernement et encourager les gens à signer une pétition adressée aux députés de l'Assemblée nationale. La vidéo déposée sur YouTube le 28 novembre 2010 compte à ce jour plus de 520 000 visionnements et a contribué de façon significative aux 118 933 signatures de la pétition.

Des *z'artissses* s'opposent au développement d'une ressource, prennent position sur un enjeu complexe... la cible est parfaite. « C'est de la démagogie qui ne vise qu'à faire peur », déclare Nathalie Normandeau, alors que Pierre Arcand s'attaque aux 20 000 puits dont parle la vidéo, un chiffre qui se trouve dans le rapport du BAPE mais qui, en novembre, est toujours contesté par le ministre.

Dominic Champagne redouble de colère. « Je me suis senti attaqué, raconte-t-il. J'ai été brutal dans ma réponse. » Il prend sa plume et rédige une missive à chacun des deux ministres. « Pour avoir suivi le dossier du gaz de schiste de près depuis quelque temps, j'ai pu apprécier vos dons de persuasion et votre savoir-faire, écrit-il à la ministre Normandeau. Tout un art, que celui de jouer dans les demi-teintes pour enrober les vérités et tenter de nous enfirouaper le canayen, si vous me passez l'expression... Pour l'habileté, chapeau[2] ! »

Il demande également à la rencontrer, ce que la titulaire du MRNF s'empresse d'accepter. Elle le reçoit dans ses bureaux à Montréal, où ils discutent pendant 45 minutes. « On était d'accord sur un point : j'en connaissais plus qu'elle sur le sujet », dit celui qui a fait ses devoirs de recherche. Il sent alors qu'il inquiète les promoteurs de la filière gazière. « Si la ministre me reçoit de façon si professionnelle et que le président de Junex, Jean-Yves Lavoie, veut me rencontrer, c'est qu'ils ont peur », pense-t-il.

Le dramaturge incrimine le Parti libéral pour sa gestion et ses omissions et fustige le Parti québécois pour son inaction. Il se demande pourquoi le PQ ne capitalise pas sur la tendance du PLQ à s'*autopeluredebananiser*. Son ami Pierre Curzi, député de Borduas, lui permet de soulager un peu sa frustration, sans pouvoir l'aider. Champagne laisse un message sur la boîte vocale personnelle de Pauline Marois. Il tient à faire remarquer à la chef du PQ que les travaux du BAPE représentent une occasion en or de célébrer les anniversaires des élections « Maîtres chez nous » (14 novembre 1962) et du PQ (15 novembre 1976). En août, le PQ publie un communiqué coiffé du titre : « Exploitation des gaz de schiste : la ministre Normandeau fait le choix de l'enrichissement des compagnies privées au détriment de l'enrichissement collectif des Québécois. » Mais en novembre, le parti dirigé par Pauline Marois reste muet. « Le parti de la neutralité qu'embrassent le plus souvent les princes irrésolus, qu'effraient les dangers présents, le plus souvent aussi les conduit à leur ruine », écrit Machiavel.

2. Voir en annexe la lettre envoyée par Dominic Champagne à Nathalie Normandeau, alors ministre des Ressources naturelles, le 15 octobre 2010.

Pendant les cinq mois que durent les travaux du BAPE, la mobilisation citoyenne s'amplifie. Le 14 février, juste avant la publication du rapport, un sondage Senergis-*Le Devoir* évalue à 55 % la proportion de Québécois « défavorables » à l'exploitation du gaz de schiste. Le journaliste Alexandre Shields rapporte ce jour-là qu'il s'agit « d'une nette progression du nombre d'opposants depuis quelques mois, puisque 37 % de la population était contre en septembre 2010[3] ». Peu avant, en janvier, un autre sondage réalisé par Senergis pour le compte du Réseau des ingénieurs du Québec indique que 75 % des 2135 ingénieurs sondés sont favorables à un moratoire complet et que 76 % estiment que le gouvernement du Québec agit principalement dans l'intérêt de l'industrie et non dans celui de la population. Même les professionnels doutent.

Dominic Champagne observe que la mobilisation se dégonfle un peu depuis la convocation du BAPE. À qui veut bien l'entendre, il lance un appel : le combat n'est pas terminé et le mouvement doit rester vigilant et informé. Il s'inquiète de la forte teneur en têtes grises chez les citoyens mobilisés. « Où sont les jeunes ? » demande-t-il laconiquement. À eux seuls, les 20-29 ans représentent 19 % des Québécois, contre 15 % pour l'âge d'or[4]. S'ils s'étaient informés dans une proportion égale à celle de leurs aînés, c'est peut-être plus du double de Québécois qui auraient travaillé à faire ce que le gouvernement refuse d'effectuer : renseigner la population. « Après tout, c'est de leur avenir dont il est question, souligne le dramaturge. Leur absence du débat me fait craindre le pire pour le futur du Québec. »

---

3. « Sondage Senergis-*Le Devoir* – L'opposition au gaz de schiste s'amplifie », *Le Devoir*, 15 février 2011, p. A1.

4. Institut de la statistique du Québec. « Le bilan démographique du Québec », édition 2010.

CHAPITRE VIII

Un pouvoir municipal érodé

« En politique, ce qu'il y a souvent de plus difficile à apprécier et à comprendre, c'est ce qui se passe sous nos yeux. »

ALEXIS DE TOCQUEVILLE

En février 2010, la gazière australienne Molopo dépêche quelques représentants à Saint-Marc-sur-Richelieu, où le conseil municipal fraîchement élu a, deux mois plus tôt, voté une résolution exigeant un moratoire. Les élus de la Ville veulent obtenir davantage d'information sur les forages avant de s'engager, et l'entreprise étrangère accepte de leur en fournir.

La réunion qui se solde par un lamentable échec n'est toutefois pas la première à avoir lieu entre les deux parties. En juin 2009, deux cadres et un agent de *claim* de Molopo sont venus annoncer au précédent conseil municipal l'intention de la gazière de forer à Saint-Marc. Lors de cette simple visite de courtoisie, ils font savoir aux élus que leur approbation n'est pas nécessaire puisque l'entreprise a obtenu les permis à Québec et s'est entendue avec un agriculteur local pour forer un puits sur sa terre. Molopo envoie plutôt deux cadres unilingues anglais afin d'entamer une relation de bon voisinage, de démystifier les travaux à venir et d'exposer l'abc de la fracturation hydraulique. Ce procédé technique qui se déroule à plus de 2000 mètres dans le sous-sol n'implique, assure-t-on au conseil municipal, aucun produit chimique.

Entouré d'une équipe de communication et armé d'une courte présentation PowerPoint, Jean-Yves Laliberté, chargé du dossier du gaz de schiste au MRNF, rencontre lui aussi les élus de Saint-Marc en juin 2009. Il leur fait la promotion des avantages économiques de la filière au moyen de ce qui se révélera être des chiffres fournis par le lobby gazier. Le gouvernement ne possède alors pas la moindre étude sur la ressource. Le fonctionnaire contredit tout de même Molopo et explique au conseil que des produits chimiques seront bel et bien utilisés lors des forages. Mais Jean-Yves Laliberté se veut rassurant : la nappe phréatique est hors de danger, elle ne court aucun risque de contamination.

« Le conseil a été pris par surprise et mis devant le fait accompli », déplore Jean Murray, conseiller municipal depuis 18 ans et ignorant jusque-là l'existence de la ressource. Forcé de conclure qu'il s'agit d'un « trou inoffensif grâce auquel la Ville va faire de l'argent », il n'est pas rassuré du tout par la présentation du fonctionnaire du MRNF. Il s'inquiète pour la santé et la sécurité des habitants du village.

Siégeant au comité de sécurité publique de Saint-Marc, il apprend que les gazières doivent assurer leurs puits pour un minimum d'un million de dollars. Pompier volontaire depuis 20 ans, le conseiller Murray est également au service d'une société de télécommunications. « Si on ouvre une centrale téléphonique, l'entreprise doit l'assurer pour un minimum de 25 millions de dollars », dit-il pour illustrer le côté dérisoire de ce montant d'un million.

Une méthode toxique ?

En octobre, Jean Murray en a assez et plonge. Il décide de se porter candidat au poste de maire de Saint-Marc. « Ce que je veux créer, c'est un vent de changement complet dans l'administration. Ce qui est primordial pour moi, c'est d'améliorer la communication avec le public et d'avoir une administration rigoureuse des dépenses », déclare-t-il à *L'œil régional*, l'hebdomadaire local. L'élection du 1er novembre 2009 l'oppose à Alain Lavallée, un agriculteur local également conseiller municipal depuis quatre ans. « Ce qu'il faut faire maintenant, c'est amalgamer les nouveaux arrivants avec les anciens », déclare-t-il pour sa part au même journal.

Selon plusieurs sources, Alain Lavallée est le candidat qu'avait choisi comme dauphin Robert Beaudry, parti à la retraite après 12 années passées au poste de maire. Favori pour l'emporter, l'agriculteur se trouve subitement dans l'embarras quand, lors de la campagne électorale, il est révélé qu'il savait, lui, ce qu'était le gaz de schiste bien avant que Molopo ne rende visite au conseil en juin. Le propriétaire du terrain situé à l'intersection de la montée Verchères et du rang des 14, l'agriculteur avec qui la gazière s'est entendue en secret pour forer un puits sur sa terre, c'est lui.

Le 1er novembre, 861 des 1625 électeurs inscrits accomplissent leur devoir de citoyen. Alain Lavallée reçoit 346 votes, contre 515 pour son adversaire. Jean Murray gagne ses élections.

Dès le premier mois de son mandat, le maire Murray interpelle Québec avec une demande de moratoire, ce qui incite Molopo à rencontrer à nouveau le conseil : c'est l'échec de février 2010. Les deux cadres australiens sont toujours incapables de communiquer en français et de fournir davantage d'information. « On a fini la rencontre avec 23 questions non répondues », se souvient le nouveau maire. Le cocktail de produits chimiques utilisés pour la fracturation demeure inconnu, et les questions de santé et de sécurité, en suspens.

Cet échec pousse quatre Saint-Marcois, Cornelissen, Batelier, Béliveau et Sauvé à entamer des recherches pour éclairer ces zones d'ombre. En mai, le « groupe des quatre » publie le résultat de son travail sous la forme d'un document de synthèse intitulé *Québécois, Québécoises, dormez-vous aux gaz de schiste ?*

« Tel un Gaulois devant l'envahisseur », le conseil décide alors de résister, raconte Jean Murray. Il vote une résolution le 4 mai 2010 qui refuse aux gazières l'entrée du territoire de la ville tant que les risques pour l'environnement, la santé et la sécurité des habitants ne seront pas déclarés nuls par le MRNF. « Jean-Yves Laliberté n'arrivait pas à croire qu'on allait se priver des redevances, dit Jean Murray. Molopo, elle, nous a offert une cour d'école neuve. On a refusé. »

L'information est le seul ingrédient de la potion magique concoctée par les élus pour les 1997 Saint-Marcois. « La Loi sur les mines, les *claims*, le droit d'exproprier... On n'a aucun pouvoir, déplore le maire. Les citoyens qui se sont mobilisés à Saint-Marc ont par contre prouvé une chose importante : on est capable de se tenir debout, au Québec. »

Claude Brochu, réélu conseiller municipal à Saint-Marc en novembre, opine du bonnet devant ces paroles. « Le conseil est très démuni et notre manque de ressources a fait en sorte que ce sont des citoyens qui ont dû trouver l'information, constate-t-il. Plusieurs municipalités du Québec n'ont même pas eu cette chance. » Dans le village voisin de Saint-Antoine-sur-Richelieu, par exemple, les autorités n'ont pas été informées de la venue d'une gazière qui a foré son territoire en 2007. Un peu plus tard, celles de Saint-Denis-sur-Richelieu et de La Présentation ne le seront pas non plus. « Il aurait quasiment fallu que les maires s'étendent dans la rue, poursuit Claude Brochu. On a été déculotté d'apprendre qu'en 2010, la Loi sur les mines permet encore à Québec de soustraire n'importe quel territoire de la juridiction des municipalités. » Dans la vision du conseiller, Saint-Marc a joué un rôle capital dans le soulèvement de la vague d'opposition qui a forcé le gouvernement à convoquer d'urgence le BAPE. « Une chance qu'on a levé le *flag* en mai », dit-il.

Jean Murray porte ce *flag* hissé par ses administrés. Le maire est persévérant dans ses demandes de renseignements à la ministre Normandeau. Il va même à sa rencontre, réunion à laquelle assiste également le ministre de l'Environnement, Pierre Arcand. « Ils m'ont dit qu'ils n'avaient pas pensé aux questions que je posais, mais qu'ils les trouvaient très pertinentes », raconte-t-il. Il se demande « pourquoi les titulaires du MRNF et du MDDEP n'ont pas eux-mêmes posé ces questions aux compagnies avant de leur vendre les permis ».

Devant cette confusion, Claude Brochu cesse de faire confiance à Québec. « Caillé et Bouchard n'ont pas de crédibilité et Normandeau s'est ridiculisée, insiste-t-il. La compagnie nous a menti en pleine face en nous disant qu'aucun produit chimique ne serait utilisé, et le gouvernement n'a pas levé le petit doigt. » Il raconte que la gazière a bien voulu dévoiler la composition de son mélange toxique, mais qu'elle a clamé ne pas connaître l'étendue des impacts du cocktail de produits chimiques utilisés. Molopo aurait plutôt recommandé au conseil de contacter directement les fournisseurs des produits, puisque ce sont eux qui possèdent l'expertise en chimie. « Se faire prendre pour des caves, vous dites ? » ne peut s'empêcher de conclure le conseiller.

Dépossédée

Les promesses d'enrichissement collectif de l'industrie et des libéraux s'accompagnent, en 2010, de cadeaux offerts par les gazières aux municipalités. Alors qu'en mai le conseil de Saint-Marc refuse la cour d'école que lui offre Molopo, l'albertaine Talisman Energy donne 2000 dollars à la Ville de Saint-Édouard-de-Lotbinière pour la construction d'un terrain de jeux, 5000 dollars à la bibliothèque municipale de Saint-David-d'Yamaska et 4500 dollars de fournitures médicales à la coopérative de santé de Saint-Léonard-d'Aston. « Des investissements communautaires, ça fait partie du processus que l'on met en place pour l'acceptabilité sociale en plus de maximiser les retombées économiques locales[1] », explique à Radio-Canada le porte-parole de Talisman, Vincent Perron. Ces trois villages sont situés dans la région du Centre-du-Québec, où se trouve plus de la moitié des puits de Talisman au Québec. Questerre, une autre gazière albertaine, acquitte pour sa part les coûts de 20 000 dollars pour la rénovation d'une église à Saint-Édouard.

Toujours dans cette région, les autorités de Saint-David et de Huntington demandent pour leur part un droit de veto sur les projets miniers qui touchent leur territoire. Le gouvernement promet plutôt un chèque de 100 000 dollars à toute municipalité touchée par les désagréments causés par les gazières.

Des travaux de la jeune industrie sont également entrepris à Saint-Hilaire sans que les autorités municipales en soient informées. C'est une citoyenne qui, au début de l'été 2010, alerte l'Hôtel de Ville de la présence d'une machinerie lourde devant chez elle. Le maire, Michel Gilbert, qui est aussi porte-parole de l'Union des municipalités du Québec (UMQ) pour le dossier du gaz de schiste, aurait bien sûr préféré être avisé de ce qu'il perçoit, dans ces circonstances, comme une intrusion. « Ils auraient au moins pu en parler aux répondants de première ligne comme les pompiers, dit-il. D'immenses camions circulaient sur une rue à peine large de sept mètres. Ça pouvait devenir dangereux. »

Les municipalités du Québec ne sont pas équipées pour répondre aux urgences causées par des accidents gaziers. Dans le village de Cheswick, en Pennsylvanie, une explosion dans un puits en juillet 2010 a tué deux travailleurs et provoqué un brasier visible à des kilomètres à la ronde, selon des témoins. Malgré l'intervention rapide de près de 200 pompiers formés et équipés adéquatement, il leur a fallu plusieurs heures pour venir à bout

1. « Questerre a fait de nombreux dons dans les villes où elle détient des puits », Radio-Canada, 16 mars 2011, http://goo.gl/WSFm6

des flammes. Si un tel accident se produisait au Québec, il faudrait attendre de 24 à 48 heures pour que des pompiers du Nouveau-Brunswick ou même de l'Alberta arrivent sur les lieux.

Michel Gilbert croit qu'en milieu rural ou semi-rural, les élus municipaux peuvent plus facilement qu'ailleurs tirer profit de leur proximité avec les électeurs pour bien prendre le pouls des communautés qu'ils administrent et arriver à les satisfaire. À preuve, « les citoyens ont commencé à être pris au sérieux quand les municipalités se sont impliquées, explique-t-il. C'est là que le gouvernement s'est mis à se contredire ». À titre de porte-parole de l'UMQ, il encourage fortement les entreprises gazières à consulter les municipalités et à travailler de concert avec celles qui acceptent leur présence. « C'est la moindre des choses », conclut Michel Gilbert.

Christian Vanasse est bien d'accord. Depuis avril 2008, ce membre de la troupe d'humour politique Les Zapartistes habite à Saint-Jude, un petit village de 1190 âmes à proximité de Saint-Hyacinthe. Il n'a pas tardé à s'y faire élire conseiller municipal, décision qu'il explique par une boutade : « À force de chialer, il fallait bien que je m'implique aussi ! » L'humoriste n'a pas eu le temps de rire bien longtemps.

Quelques semaines après son élection en novembre 2009, il remarque qu'une tour de forage sur laquelle trône une torchère est érigée dans le village voisin de La Présentation. Les journaux lui apprennent qu'on y cherche du gaz naturel. Son inquiétude se dissipe, puis disparaît complètement quand la tour est démontée. Au printemps 2010, une deuxième installation de forage apparaît à La Présentation, en même temps qu'une autre à Saint-Barnabé-Sud, à 10-15 minutes de route de chez lui. Des camions lourds commencent à circuler à travers Saint-Jude pour se rendre au puits de Saint-Barnabé, une activité inhabituelle qui bouscule le village et intrigue l'humoriste. Il s'informe davantage et finit par découvrir que sa municipalité est entourée de trois puits non pas de gaz conventionnel, mais de gaz de schiste, un mot qu'il n'a jamais entendu.

Christian Vanasse prend alors la mesure de son engagement politique, happé de plein fouet par la proximité entre les élus et les communautés rurales dont parle le maire de Saint-Hilaire. Sa porte est prise d'assaut par de nombreux fermiers et citoyens inquiets qui demandent à être informés de ce qui se trame. Des gens appellent chez lui, dont une agricultrice qui lui dit se trouver dans une impasse. Son mari et elle ont accordé à une gazière les droits d'exploration de leur terre. Mais on ne leur a pas tout dit, lui confie la dame, et ils réalisent maintenant les conséquences de leurs signatures au bas du contrat. Ils souhaitent faire machine arrière.

Le dossier du gaz de schiste passe momentanément au second plan quand la tragédie s'abat soudain sur Saint-Jude en mai 2010. Un glissement de terrain y provoque alors la formation d'une crevasse d'environ un kilomètre de long sur 500 mètres de large. Le sol affaissé emporte violemment une maison dans une glissade longue de 25 mètres. Richard Préfontaine, sa femme Line, leurs filles Anaïs, neuf ans, et Amélie, 11 ans, qui se trouvent alors à l'intérieur, sont tués sur le coup. Moins de 24 heures plus tard, ils sont retrouvés ensevelis sous des *mètres* de boue.

Le conseiller Vanasse, témoin des craintes qu'engendre le drame à Saint-Jude, rappelle qu'il est de notoriété publique que les terres argileuses de la région sont propices aux glissements de terrain, mais que les risques sont depuis toujours jugés très faibles. La tragédie inflige tout de même un traumatisme aux 1190 Rochvillois pour qui, encore aujourd'hui, il est impossible d'oublier. Un trou de 100 000 m^2 en plein cœur du village se charge de leur remettre en mémoire les tristes événements.

Le choc commence à peine à s'atténuer que le conseil municipal reçoit une demande de la Canadian Forest Oil. Dans sa quête visant à découvrir le potentiel gazier de la région, l'entreprise souhaite réaliser des relevés sismiques du sous-sol de Saint-Jude. La directrice générale, Sylvie Beauregard, sursaute. Récemment éprouvée par le mouvement de ses terres argileuses, la municipalité demande aussitôt à Forest Oil si elle utilisera de la dynamite dans le cadre de ses analyses. On lui aurait répondu qu'il s'agit là d'un mythe d'écologistes. Pourtant, c'est bien en faisant exploser de petites quantités de dynamite enfouies dans le sol que la gazière s'y prend pour réaliser ses relevés sismiques, et ce, sans l'accord du conseil municipal et malgré l'opposition de Sylvie Beauregard. Certains proches de la famille disparue en mai ressentent physiquement les secousses du dynamitage. « Ils étaient dans tous leurs états », témoigne Christian Vanasse.

Des nains juridiques

L'État du Québec est fiduciaire et son MRNF gestionnaire du fer, du cuivre, de l'argent, du nickel, de l'or, du zinc et des multiples autres ressources dont regorge le sous-sol. De par leur nature immuable, ces richesses appartiennent *de facto* à tous les Québécois mais sont exploitées largement par le secteur privé qui en tire, selon les chiffres du MRNF, une production annuelle évaluée à plus de quatre milliards de dollars. Encadrée par la Loi sur les mines, cette exploitation se fait généralement sur des terres publiques situées en zones peu ou pas habitées.

Contrairement à la Colombie-Britannique et à l'Ontario, le Québec n'a pas de loi qui oblige le titulaire du MRNF à informer les autorités locales de l'intérêt des promoteurs à *claimer* leur territoire. Quand le ministre vend finalement les permis aux entreprises, il est à sa discrétion de communiquer ou non aux municipalités sa décision de leur retirer une partie du territoire sous leur juridiction. Et contrairement à une minière qui exploite du fer dans le Grand Nord, une gazière qui cherche à tirer profit du gaz de schiste au Québec devra interagir avec de nombreux citoyens gouvernés par de nombreuses autorités municipales.

La ressource est logée dans le *shale* d'Utica, une formation rocheuse située dans le sous-sol des basses-terres du

Saint-Laurent, sous des terres majoritairement privées où habitent plus de deux millions de Québécois. Le territoire de cette région où la richesse du patrimoine et la beauté des paysages font du tourisme une activité très lucrative est touché par la majorité des permis d'exploration émis au Québec. L'emplacement de la ressource a ainsi exposé au grand jour certaines des plus vicieuses dispositions de la vieille Loi sur les mines, comme sa préséance sur toutes les autres lois prévues pour aménager, administrer et développer le territoire.

Les entreprises étrangères n'éprouvent aucune gêne à utiliser ce cadre juridique colonial pour justifier auprès des différents conseils municipaux l'intrusion chez eux. Aussi, lorsque le conseil municipal de Saint-Jude demande à la Canadian Forest Oil d'arrêter ses analyses sismiques, la gazière répond-elle en citant l'article 246 de la Loi sur l'aménagement et l'urbanisme :

> Aucune disposition de la présente loi, d'un plan métropolitain, d'un schéma, d'un règlement ou d'une résolution de contrôle intérimaire ou d'un règlement de zonage, de lotissement ou de construction ne peut avoir pour effet d'empêcher le jalonnement ou la désignation sur carte d'un *claim*, l'exploration, la recherche, la mise en valeur ou l'exploitation de substances minérales et de réservoirs souterrains, faits conformément à la Loi sur les mines.

Au Québec, la Loi sur les cités et villes mandate les autorités locales pour « assurer la paix, l'ordre, le bon gouvernement, la salubrité et le bien-être général sur le territoire de la municipalité ». C'est aussi cette loi qui découpe le territoire en 1306 municipalités qui comptent, dans plus de 80 % des cas, moins de 5000 habitants, soit autant de créatures juridiques de l'État parfaitement impuissantes devant les promoteurs gaziers. Le maire de Saint-Marc est par exemple incapable d'user de la compétence que lui accorde la loi pour « réglementer ou défendre [...] l'usage de [...] matières combustibles, explosives, corrosives, toxiques, radioactives ou autrement dangereuses pour la santé ou la sécurité publiques, sur le territoire de la municipalité ». Le mandat de ces 1306 entités juridiques est tronqué par la Loi sur les mines.

La précaution, la prévention, la protection de l'environnement et les 13 autres principes du développement durable en prennent aussi pour leur rhume. Enchâssés au cœur de la Loi du développement durable votée par l'Assemblée nationale en 2006, ces 16 principes sont à l'avant-garde mondiale de la conception de l'intérêt public et de la croissance économique. Le gouvernement de Jean Charest a doté le Québec d'une loi très progressiste, mais n'a jamais fait preuve de la volonté politique nécessaire à son application et au respect de ses principes. Il s'en est plutôt tenu à la Loi sur les mines et à sa culture du secret pour développer la filière gazière dans le cadre d'un processus décisionnel des plus opaques.

La plus puissante et la plus archaïque de nos lois supplante donc trois lois essentielles à l'administration du territoire du Québec. Cette situation a privé les autorités locales de réponses à offrir aux citoyens, de moyens pour minimiser les impacts du développement sur leur qualité de vie et du contrôle de la localisation et de la réalisation des activités d'exploration et d'exploitation des gazières.

« Cette loi est issue de la mentalité des années 1950 », déplore le maire de Saint-Hilaire et porte-parole de l'UMQ, Michel Gilbert, commentaire que le blogueur Jean-François Lisée appuie avec ironie en écrivant que « Maurice Duplessis, l'homme qui vendait le fer québécois une cent la tonne aux intérêts américains, doit être très fier de ses descendants ».

Tristement célèbre, l'article 235 de la Loi sur les mines incarne le *free mining* et stipule que :

> Sur les terres concédées ou aliénées par l'État à des fins autres que minières [...], le titulaire de droit minier ou le propriétaire de substances minérales peut acquérir, à l'amiable ou par expropriation, tout bien nécessaire à l'accès au terrain ou à l'exécution de ses travaux d'exploration ou d'exploitation.

Notre cadre légal est dépassé et ramène tout le monde 50 ans en arrière, ce que reconnaît le gouvernement qui n'a par contre rien fait pour prévenir la situation. Les libéraux ont bien promis une nouvelle loi sur les hydrocarbures, mais elle ne s'est jamais matérialisée. Les citoyens et les municipalités sont donc démunis devant l'absence de législation appropriée. Leur peu de moyens les empêche également d'engager un combat légal contre les représentants de l'industrie gazière. « Au Québec, si t'es pauvre et que t'as des problèmes criminels, il existe des mécanismes de soutien pour t'aider à te payer un avocat à prix modique, explique l'avocat Jean Baril. Mais pour une cause environnementale, ce n'est pas éligible. Donc ça coûte très cher et le Québec devrait se doter d'un fonds de soutien, comme en Ontario et en Colombie-Britannique. »

Cela doit-il nous faire craindre le pire ? Par exemple, le gaz de schiste que l'on exploitera peut-être au Québec sera commercialisé à travers les 10 000 kilomètres du réseau de Gaz Métropolitain. Inévitablement, des pipelines devront être construits sur les terres privées des régions concernées pour relier la nouvelle production au réseau. Ceux qui s'opposeront à la construction de ces tuyaux seront-ils confrontés à l'article 235 de la Loi sur les mines ?

Un tissu social endommagé

Le gaz de schiste a envenimé les relations entre Québec et certaines municipalités, mais qu'en est-il des relations à l'intérieur même des communautés ? « J'ai l'impression que ça va les perturber énormément », s'inquiète Christian Vanasse.

En phase d'exploitation commerciale, une étude réalisée par la firme SECOR pour le compte de l'APGQ soutient qu'entre 5000 et 19 000 emplois seront créés annuellement au Québec. Le MRNF estime ces hypothétiques emplois à une valeur moyenne de 70 000 dollars par année, plus du double du salaire moyen au Québec. À Saint-Jude, par exemple, les 1190 résidents gagnent en moyenne 23 486 dollars en 2006.

Comment envisager que de bonnes relations se développent entre deux voisins dont l'un gagnerait le triple du salaire de l'autre grâce à une industrie qui affecte la qualité de vie du plus pauvre ?

L'implantation des gazières sourirait également à plusieurs entrepreneurs d'ici, qu'on pense aux hôteliers, aux quincaillers, aux soudeurs, aux mécaniciens, aux sociétés de sécurité, etc. D'autres entreprises sont quant à elles peu compatibles avec cette activité industrielle. « Comment un producteur de fromage biologique peut-il fonctionner à côté d'une exploitation de gaz de schiste ? » demande le conseiller Vanasse, dont la municipalité, Saint-Jude, a choisi de favoriser le biologique. L'humoriste est fier de son village, ce « lieu de villégiature » qui fait partie des circuits d'agrotourisme et de récréotourisme grâce à ses produits du terroir, un cachet et une valeur ajoutée qui, souligne-t-il, pourraient rapidement s'envoler avec la poussière soulevée par la machinerie lourde de l'industrie gazière.

À La Présentation, sur le rang Salvail Sud, c'est à 300 mètres d'une garderie en milieu familial que l'albertaine Canbriam a foré un puits, celui qui présente « la pire de toutes les fuites » et qui vaut à la compagnie un avis d'infraction émis en janvier 2011 par le MDDEP. La propriétaire, Maryse Méthot, explique que le vacarme et la lumière du forage incommodaient les six bambins à sa charge. L'inquiétude liée aux fuites répertoriées dans le puits complète le tableau. Ni consultée, ni dédommagée, la famille Méthot est aujourd'hui aussi enragée contre les gazières que contre le propriétaire de la Ferme Cloutier Foisy inc. où se trouve le puits.

Nos vallons, champs et forêts à perte de vue seront-ils aussi prisés si on y installe des tours de forage un peu partout ? Comment calculer la perte de valeur des paysages causée par l'implantation d'une gazière sur un territoire donné ?

La diminution des espaces verts est une des nombreuses « externalités » de l'activité économique des entreprises qui ne se trouvent jamais dans les livres des promoteurs. « Leur argument par excellence est que ces coûts ne sont pas calculables, explique Jacques Fortin, professeur titulaire en sciences comptables à HEC. Les promoteurs font ainsi l'économie d'un calcul qui, pour une police d'assurance sur un puits par exemple, peut coûter cher à réaliser. C'est toujours à la société qu'il revient de chiffrer ces coûts. »

Les risques d'accident, la valeur immobilière, la santé et les infrastructures routières sont d'autres coûts sociaux de l'activité des entreprises gazières qui devraient figurer dans les livres de l'État. « J'encourage régulièrement mes étudiants à trouver quelque chose que je ne serais pas capable de mesurer, raconte Jacques Fortin. Tout se mesure, mais encore faut-il savoir comment. » Fort de 37 années d'expérience en comptabilité, le professeur observe que le gouvernement prend rarement le crayon. « On ne les fait pas, les analyses quantitatives et financières. On fait des analyses de rendement politique d'une décision, mais pas de rendement financier. »

En collaboration avec Pierre Batelier, il a rédigé une analyse qui remet en question les promesses du gouvernement. « Nos gouvernants persistent à croire que la résistance à la transformation de nos campagnes en champs gaziers tient à la qualité du message des promoteurs. Pour ma part, en toute rationalité comptable, je suis convaincu que cette résistance tient davantage à un projet mal chiffré qu'à un projet mal vendu ou mal compris », écrit-il dès le début. Au même titre que les fusions municipales forcées, le gaz de schiste est pour lui un autre cas où « l'État s'est entêté à défier le bon sens d'une population qui, au contraire de ce qu'on tentait de lui faire miroiter, voyait dans ces projets un risque majeur de perte de richesse collective et un recul de ses droits ».

Puisque tout se mesure, Jacques Fortin a envoyé son CV au comité directeur de l'EES afin d'y être embauché pour calculer les externalités du développement gazier. « Il m'aurait fait plaisir de monter une équipe pluridisciplinaire ici, à l'Université de Montréal, pour réaliser ces calculs de façon objective », raconte celui dont les services n'ont finalement pas été retenus.

Alors qu'on peut déboulonner une éolienne, les dégâts potentiels tels que la contamination d'une nappe phréatique sont irréversibles. « Le manque d'information sur les impacts environnementaux de l'activité des gazières nous fait courir un risque, explique le comptable. Pour ceux qui n'encaissent rien du tout, il s'agit du petit risque de tout perdre. »

CHAPITRE IX

Le gouvernement du Québec

« Car avant tout, dans la vie quotidienne, la domination est administration. »

MAX WEBER

Fin de l'été 2010.

Connu pour son parti pris favorable pour l'industrie du pétrole et du gaz, le Parti libéral est au pouvoir depuis 88 mois et les gazières travaillent de concert au sein de l'APGQ depuis 16 mois. Dès la création officielle du lobby, le gouvernement travaille conjointement avec lui afin de développer l'acceptabilité sociale de l'industrie. Depuis les élections municipales de novembre 2009, ils sont tous deux la cible des foudres d'un mouvement d'opposition citoyenne.

Les aspects économiques, politiques, scientifiques et environnementaux du gaz de schiste sont alors tous ignorés par les fonctionnaires de l'État qui n'ont aucune expertise indépendante sur l'industrie. Ceux qui travaillent aux Ressources naturelles se fient à l'étude de la firme SECOR qui date de 2009 et ceux de l'Environnement commencent à peine à s'intéresser au sujet.

Parallèlement à la convocation du BAPE, l'APGQ lance une campagne de marketing avec la tenue de trois séances d'information dans les régions concernées par les permis d'exploration. Les citoyens s'y présentent en colère et l'opération de charme se solde par un échec.

L'ambiance est plus calme lors de la première soirée des audiences publiques. Trente-cinq jours seulement après la convocation du BAPE, plus de 50 experts et 300 citoyens s'y présentent. Dans son mémoire, la Table des préfets et élus de la Couronne Sud avoue mal s'expliquer « pourquoi, devant une opportunité aussi grande et des enjeux aussi importants, il faille tant précipiter les choses au lieu de faire preuve de précautions et de bien gérer le cadre dans lequel évolueront les compagnies ».

Si les actions du gouvernement soulèvent leur part de doutes en amont, elles en font tout autant lors des audiences. Plusieurs citoyens restent amers devant le processus. « Les gazières étaient souvent plus rationnelles que le gouvernement », affirme Gérard Montpetit, professeur à la retraite mobilisé depuis que, en mai 2010, il a assisté à une conférence du « groupe des quatre » de Saint-Marc. Il offre l'exemple d'un citoyen, Guy Rochefort, qui mentionne aux commissaires, le 7 octobre, que Junex détient le permis d'exploration du territoire où est située la centrale nucléaire de Gentilly, à Bécancour. Il veut savoir s'il existe une disposition qui empêche qu'un puits y soit foré. « Présentement, il n'y a aucune restriction à ce sujet-là », répond Jean-Yves Laliberté, le fonctionnaire dépêché pour représenter le MRNF devant le BAPE. Lors des audiences, Gérard Montpetit juge l'attitude de Jean-Yves Laliberté déplacée et considère que le fonctionnaire n'agit pas comme un représentant de l'État, mais comme un représentant de l'industrie.

Dans une édition spéciale publiée dans le cadre du Salon du livre de Montréal, le 17 novembre, *Le Devoir* cède la place de ses journalistes à des écrivains d'ici. Voici ce qu'écrit Georges-Hébert Germain :

> On aura tout invoqué, hier, au cours de ces audiences du BAPE, et sur tous les tons : les recettes fiscales à la baisse, la création d'emploi à la hausse, les impacts désastreux sur l'environnement, la détresse des aînés, le désarroi des tout-petits, les faramineuses retombées économiques. On a rappelé que la terre était fragile, que le Québec était le plus beau pays du monde. Que les commissaires étaient biaisés ; et les dés, pipés. Maintes fois, on a réclamé un moratoire. On s'est ému du sort des chevaliers cuivrés du Richelieu qui, déjà menacés, pourraient être éliminés si jamais les eaux de fracturation entraient dans le lit de la rivière. Un mémoire affirmait que la production de gaz en territoire québécois allait réduire les coûts de transport. Un autre clamait que l'industrie pouvait dégrader les infrastructures routières.

Les audiences se terminent le 24 novembre, mais le débat sur le développement de la filière continue de faire rage au Québec. Le BAPE remet son rapport au ministre Arcand le 28 février et le gouvernement dispose alors de 60 jours pour le rendre public. Devant l'insatisfaction des Québécois, c'est dès la semaine suivante qu'il le partage avec la population. « Les commissaires ont produit un rapport d'une grande rigueur qui apporte un éclairage précieux, déclare le ministre Arcand le 8 mars. Je l'accueille favorablement dans ses grandes recommandations, et il guidera nos actions à venir. »

Le rapport donne des munitions aux opposants comme le député péquiste Scott McKay, porte-parole de l'opposition officielle en matière de mines. « Des centaines d'heures de travaux du Bureau d'audiences publiques sur l'environnement et des centaines de mémoires de citoyens ont été nécessaires pour freiner la "locomotive folle" lancée par la ministre Normandeau », déclare-t-il.

Le BAPE n'accouche pas d'une souris. Les commissaires refusent de cautionner l'industrie et ne proposent pas de cadre pour son développement, une tâche pourtant au centre du mandat que leur a confié Pierre Arcand. Le BAPE demande plutôt l'interdiction des forages dans les régions où les nappes d'eau souterraines n'ont pas été étudiées et confie les autres au comité directeur de l'évaluation environnementale stratégique (EES) qu'il recommande au gouvernement de lancer. Cette EES serait chargé de prendre le relais du BAPE et de répondre à la question de la « pertinence socioéconomique » du développement de la filière gazière, ce que l'organisme de consultation populaire n'a simplement pas eu le temps de faire. Les commissaires refusent de prendre une décision – soit celle de lancer le Québec dans l'exploitation gazière. C'est plutôt aux Québécois de choisir, mais ceux-ci n'ont été ni informés, ni consultés. Le BAPE ne se substituera pas à la volonté populaire, disent en substance les commissaires.

Les troupes de Jean Charest acceptent la demande des commissaires et confient au BAPE la tâche de former le comité. Sa composition est annoncée en mai et c'est Robert Joly, un représentant du MDDEP, qui en assure la présidence. Deux autres fonctionnaires y siègent également, tout comme deux universitaires, deux représentants de la « société civile » et deux du monde municipal. Le PDG de Junex, Jean-Yves Lavoie, et la porte-parole de Talisman Energy, Marianne Moigat, complètent la liste des 11 membres du comité, mais Jean-Yves Lavoie démissionne finalement en juin. « Je pense que j'étais un peu en situation conflictuelle, déclare-t-il en entrevue au *Journal de Québec*. Je ne veux pas nuire à la crédibilité du groupe. » François Tanguay, militant de longue date, cofondateur des Amis de la Terre et ex-dirigeant de l'aile québécoise de Greenpeace le remplace.

La mise sur pied de l'EES met un frein au développement de l'industrie, puisque les gazières ne peuvent plus forer de puits au Québec jusqu'à la fin des travaux du comité directeur. Conséquemment, la valeur en Bourse de plusieurs entreprises, dont Questerre et Junex, chute. Le mécontentement populaire s'estompe aussi devant ce dénouement jugé positif et le dossier quitte peu à peu les pages frontispices.

> Plusieurs voient dans le rapport du BAPE une victoire citoyenne majeure, écrit dans *Le Devoir* le doyen du journalisme en environnement au Québec, Louis-Gilles Francoeur. C'est sans contredit le cas, car cette mobilisation a dépassé toutes celles qui ont marqué les défaites gouvernementales successives dans les dossiers du Suroît, d'Orford et de Rabaska et plusieurs de ses projets dans les dossiers de l'énergie et des richesses naturelles comme la forêt[1].

En effet, la porte est toujours ouverte. Le comité directeur de l'EES doit remettre un rapport préliminaire en mai 2012 et son rapport final au plus tôt en mai 2013. Personne ne peut prédire ce qu'il adviendra ensuite.

Plus critique, le groupe Maîtres chez nous - 21e siècle (MCN21) déclare, une fois l'EES lancée en mai, que « le presque moratoire sur le gaz de schiste est une stratégie politique pour calmer l'opinion publique et servir l'industrie gazière au détriment de l'intérêt des citoyens ». Ce mouvement social né au début de 2011 se bat

1. Louis-Gilles Francœur, « Le rapport du BAPE sur les gaz de schiste – Une rebuffade qui laisse la porte ouverte à l'industrie », *Le Devoir*, 12 mars 2011, p. B1.

contre la validité des permis d'exploration gazière émis par les libéraux et exige que « le gouvernement reprenne immédiatement possession de ces droits d'exploration et d'exploitation de NOS ressources énergétiques qui constituent NOTRE BIEN COMMUN ».

Une fonction publique muselée

« J'ai fait tout ce que je pouvais, j'ai frappé à toutes les portes et je me suis épuisée à appeler partout pour avoir une réponse, dit Suzanne Milette, assise dans la cuisine de sa maison acadienne, à Bécancour. Un grand mur sans issue s'est dressé devant moi. » Ce mur érigé par le gouvernement entre l'État et ses citoyens s'explique facilement.

De nos jours, il est devenu très embêtant pour les fonctionnaires de faire progresser la réflexion sur un dossier sans, en même temps, soulever des controverses prématurées au sein de l'opinion publique. Les médias qui sont forcément en compétition ne cherchent qu'à trouver le prochain sujet saignant et à l'estampiller du qualificatif « exclusif », même si parfois il s'agit d'un dossier qui n'est pas encore prêt. La fonction publique fait donc bien attention de ne pas trop nourrir la bête médiatique.

Jacques Bourgault constate que le dicton *Il n'y a pas de fumée sans feu* joue en faveur de la presse. « Si les médias en compétition font de la fumée, les gens s'imaginent qu'il y a le feu, explique le spécialiste des fonctions publiques québécoise et canadienne. Les citoyens sont très cyniques depuis 25 ans et la fonction publique a développé un mécanisme d'autocensure qui l'empêche de développer des dossiers. » Il juge également que les fonctionnaires sont aujourd'hui plus craintifs que jamais à Québec. « Quand Jean Charest est arrivé au pouvoir, il s'est joyeusement mis dans l'embarras dans un très grand nombre de dossiers et en a bien souffert, dit le professeur associé à l'École nationale d'administration publique (ENAP). Les fonctionnaires ont donc reçu l'ordre de ne prendre aucune initiative qui pourrait déranger le gouvernement et de ne préparer aucun dossier qui pourrait être coulé à la presse. »

Jacques Bourgault raconte comment, dans « l'ancien temps », les fonctionnaires étaient moins prudents. Ils pouvaient émettre des opinions et préparer des dossiers sans craindre, par exemple, la Loi sur l'accès à l'information. « La haute fonction publique n'est pas moins intelligente et instruite qu'auparavant, ni moins politisée, juge-t-il. Elle est plus apeurée. » Le flop monumental de la gestion d'un dossier comme l'informatisation du réseau de la santé, qui devait coûter 560 millions de dollars et en vaudra finalement plus du double, l'incite à penser qu'il s'agit d'un problème généralisé. « C'est impossible que les fonctionnaires soient aussi mauvais sur autant de dossiers, croit-il. Il y a là des phénomènes qui relèvent de l'autocensure. »

La fonction publique doit pouvoir travailler dans un climat de confort intellectuel si on veut que ses employés développent leur potentiel en faisant preuve de volonté et de dynamisme. « Aujourd'hui, ce sont plutôt les fonctionnaires qui ne font pas de gaffe qui sont valorisés au détriment de ceux qui sont téméraires », observe Bourgault. À force de ne pas faire de vagues, la fonction publique finit tôt ou tard par être dépassée par une multitude d'enjeux.

Entre juin 2009 et septembre 2011, Nathalie Normandeau est titulaire du MRNF et répète souvent que c'est dès mai 2006 que les libéraux ont élaboré leur politique de développement de l'industrie gazière. Pourtant, trois ans plus tard, en 2009, les seules données sur le sujet disponibles au ministère sont celles fournies par l'APGQ. « Aux audiences du BAPE, le représentant du MRNF se basait sur les chiffres de l'industrie, note le professeur Bourgault. Le ministère défendait l'industrie ! » Ce fonctionnaire chargé par ses supérieurs de promouvoir la ligne stricte du MRNF au BAPE, c'est Jean-Yves Laliberté. Son travail consiste alors non pas à participer à la réflexion de la commission, mais bien à défendre la politique du ministère. Ce qui, en soi, n'a rien de choquant, sauf si cette politique n'est basée sur aucune information indépendante et qu'elle a été définie bien avant que l'État ne dispose de la moindre étude sur le sujet. « Souvent, le fonctionnaire est là pour protéger la position de la ministre, du gouvernement et de ses amis-collègues, explique Jacques Bourgault. Un coup que le lit du gouvernement est fait, c'est comme ça ! »

Un gouvernement responsable appuyé par une fonction publique dynamique devrait, en consultant la population, élaborer dans le calme des politiques publiques fondées sur une vision claire. Ce ne fut pas le cas avec le gaz de schiste.

> On peut dire la même chose de l'ensemble de l'industrie minière au Québec, constate le professeur. De 1960 à 1971, la haute fonction publique dirigeait une administration de cadres dynamiques, les gens étaient en avant du *beat*, ils voyaient les enjeux à l'avance et se faisaient des plans, des idées, ils en parlaient et ils progressaient. Je crois plutôt que les fonctionnaires aujourd'hui ont peur de déplaire aux politiciens et qu'ils minimisent les chances de les impatienter.

Huit jours après le début du mandat du BAPE, le MRNF publie un premier document technique sur le gaz de schiste qui fait 20 pages et ne contient aucune source. Le spécialiste de l'administration publique en est estomaqué. « Un système gouvernemental avec des hauts fonctionnaires responsables aurait eu un rapport de prêt dans le tiroir, lance Jacques Bourgault. C'est un manque de professionnalisme non pas tellement des fonctionnaires mais plutôt de l'organisation de l'administration publique québécoise. » Notre fonction publique est-elle donc devenue à ce point incompétente qu'il lui faut les données et les études de l'industrie pour se faire une idée ? « Qu'est-ce que la compétence ? demande Bourgault. Scott Gomez est un très bon joueur sur papier, mais ça se complique sur la glace. »

Pierre Bluteau, qui, avec Serge Fortier, fonde le Comité interrégional gaz de schiste de la vallée du Saint-Laurent à l'été 2010, peut témoigner de la complaisance du MRNF envers l'industrie lors des audiences du BAPE. « La majorité des réponses données par les représentants de l'État étaient en lien direct avec les intérêts des gazières, dit-il. Ils s'en remettaient constamment aux études ou aux informations transmises par l'industrie. » Il en veut pour preuve un échange entre Daniel Breton, ex-directeur de l'AQLPA et cofondateur du groupe MCN21, et Jean-François Lamarre, économiste du MRNF. Il se demande pourquoi le MRNF dépêche un économiste « qui ne peut pas faire le lien entre deux produits énergétiques sur le même marché financier ».

L'échange auquel fait référence Pierre Bluteau a lieu le 4 octobre 2010 et est transcrit durant l'audience publique[2]. Le voici :

> **QUESTION DE DANIEL BRETON :**
> Comme le gouvernement du Québec compte investir 50 milliards de dollars d'ici 2035 dans des projets hydroélectriques, comment allez-vous calculer que la balance commerciale va être positive si on se retrouve avec des projets d'exportation hydroélectrique qui sont évalués à un coût supérieur au prix de l'énergie avec du gaz en surabondance ?
>
> **RÉPONSE DE JEAN-FRANÇOIS LAMARRE :**
> La question m'a paru un peu confuse. J'ai de la difficulté à saisir exactement quelle était la question.

2. BAPE. Enquête et audience publique sur le développement durable de l'industrie des gaz de schiste au Québec, rapport 273-DT1.

INTERVENTION DU COMMISSAIRE MICHEL GERMAIN :
Si j'ai compris, bien compris, on parle de la compétition hydroélectricité et gaz, si j'ai compris votre question, monsieur Breton ?

QUESTION DE DANIEL BRETON :
Alors, s'il y a surabondance de gaz naturel à bon marché, de quelle façon ça pourrait nuire aux exportations d'électricité d'Hydro-Québec ?

RÉPONSE DE JEAN-FRANÇOIS LAMARRE :
Bien, en fait, c'est deux choses distinctes. Le gaz naturel qui pourrait être produit au Québec est destiné à une clientèle, l'hydroélectricité peut être destinée à d'autres fins également. Le gaz naturel est utilisé au niveau industriel au Québec, et il y a des utilisations pour lesquelles c'est impossible de convertir à l'hydroélectricité. Le gaz naturel qui serait produit au Québec servirait à ces fins. Donc, il remplacerait le gaz naturel importé d'Alberta. J'arrêterais ici. Je verrai si ça satisfait comme réponse.

QUESTION DE DANIEL BRETON :
Plus il y a d'énergie à bas prix, plus il y a une compétitivité même si ces deux marchés sont différents. Donc, c'est inévitable que ça affecte la rentabilité des projets d'électricité d'Hydro-Québec, non ?

RÉPONSE DE JEAN-FRANÇOIS LAMARRE :
Je suis un peu embêté de faire le lien entre les deux positions. Je ne vois pas en quoi ça nuirait à l'exportation de l'hydroélectricité. J'ai de la difficulté à faire le lien.

À l'arrière-garde mondiale

Vers la fin des années 1970, époque où les lois d'accès à l'information ne sont pas légion dans le monde, un vent de fraîcheur démocratique souffle sur le Québec. Avec sa réforme de la Loi sur la qualité de l'environnement de 1978, le premier gouvernement Lévesque dote l'État d'un Bureau d'audiences publiques sur l'environnement et propulse le Québec à l'avant-garde mondiale de la consultation publique. « La plus grande innovation était dans l'accès à l'information, explique Jean Baril, avocat spécialisé en droit de l'environnement. On facilitait la libre circulation de l'information entre le public et le gouvernement. »

Plus de 30 ans après leur création, des organismes de consultation comme le BAPE et la Régie de l'énergie ont plus ou moins d'autorité morale. Ce ne sont pas des tribunaux et leurs décisions ne sont pas exécutoires. Ils sont certes consultés souvent, comme en font foi les près de 300 rapports d'enquête du BAPE, mais la loi donne carte blanche au ministre de l'Environnement pour appliquer ou non leurs recommandations.

En France, par exemple, il existe des recours légaux qui permettent d'attaquer les études que les promoteurs présentent à un organisme comme le BAPE, ce qui peut invalider l'autorisation de projets par le gouvernement. Mais pas au Québec. La Loi sur la qualité de l'environnement n'a subi aucune réforme depuis 1978. De nombreux ajouts y ont été faits, dont le plus connu est sûrement tout ce qui entoure les changements climatiques, mais la loi stagne depuis.

« D'avant-garde que nous étions, nous sommes maintenant à l'arrière-garde », explique Jean Baril. Selon cet expert du BAPE, les lois d'accès à l'information apparues au milieu des années 1980 ne viennent aucunement changer la donne. L'universitaire qui écrit une thèse sur l'accès à l'information environnementale explique qu'il s'agit plutôt de « la loi sur l'*inaccès* à l'information ». La libre circulation de l'information est restreinte en grande partie à cause du droit de veto qu'ont les compagnies qui fournissent des documents. « C'est inconcevable que de tels documents qui touchent des trucs aussi communs que l'eau et l'air puissent être cachés à la population », déplore-t-il. Il ne s'étonne guère du cynisme des citoyens qui ne sont plus impliqués dans les décisions gouvernementales.

Pour le militant de longue date, l'accès à l'information et la consultation du public sont les fondements de la démocratie du 21e siècle en Occident. Un regard à l'international nous permet de constater que les exigences en matière d'information environnementale ont d'ailleurs beaucoup évolué. Ces exigences sont inscrites dans la convention d'Aarhus signée par 39 États en 1998, laquelle met l'accent sur la participation du public au processus décisionnel et l'accès à la justice en matière d'environnement. Elle prévoit également que les alternatives sérieuses à une politique ou à un programme gouvernemental doivent être systématiquement documentées dans le cadre d'une étude environnementale stratégique (EES). De cette façon, on offre plusieurs choix à la population et le processus décisionnel de l'État est plus transparent.

Contrairement à l'Europe, quand il y a développement d'une filière, on ne fait pas d'EES au Québec, ce qui nous empêche de documenter les alternatives. Lors du projet de la Romaine, une EES aurait obligé le promoteur, Hydro-Québec, à mener une analyse sérieuse quant aux possibilités d'investir différemment les huit milliards de dollars prévus pour la construction du complexe hydroélectrique, par exemple en termes d'énergie éolienne. Au lieu de ça, c'est sur une seule des 2500 pages de l'étude d'impact qu'Hydro-Québec a mis quatre ans à produire que le cas de la filière éolienne a été réglé.

Au cœur de la convention d'Aarhus se trouve également l'obligation pour les politiciens de motiver leurs décisions, de les expliquer au public. Au Québec, quand le BAPE recommande une solution X et que le gouvernement choisit d'appliquer Y, la Loi sur la qualité de l'environnement ne l'oblige pas à expliquer pourquoi. Il y a quelques années, les commissaires du BAPE ont recommandé au gouvernement d'annuler le développement d'un site d'enfouissement dans la région de Joliette. Le projet contrevenait à plusieurs dispositions de la Loi sur le développement durable. Le ministre de l'Environnement libéral de l'époque, Thomas Mulcair, remet pourtant le dossier sur les rails en plein été et l'Assemblée nationale autorise le projet à l'abri des regards. « Quand tu participes aux audiences et que tu influences le rapport des commissaires, c'est gratifiant et ça vaut la peine de participer, dit l'avocat. Que le gouvernement puisse prendre une décision sans rien avoir à expliquer quant aux raisons qui motivent son choix, c'est frustrant ! »

Au Québec, les solutions existent pourtant depuis 1988. Paul Lacoste, un ex-recteur de l'Université de Montréal, rend alors compte des limites et des déficiences de la Loi sur la qualité de l'environnement. Le rapport Lacoste recommande au gouvernement de tenir des audiences génériques sous l'égide du BAPE pour faire l'évaluation de ses grands programmes stratégiques. Dix ans avant la convention d'Aarhus, il suggère donc à l'État d'implanter la culture de l'EES en son sein et fait des propositions concrètes à propos de la participation citoyenne et de l'accès à l'information. « Paul Lacoste, ce n'est pas Greenpeace, dit Jean Baril. En 1991, une commission parlementaire est aussi arrivée aux mêmes conclusions que lui. Les lacunes dans la loi sont connues. »

Si une telle évaluation du développement de la filière gazière avait été faite avant que le gouvernement n'élabore sa politique, les citoyens auraient ainsi pu être consultés, les alternatives telles que le biogaz auraient pu être documentées, l'évaluation de la pertinence de ce développement dans la stratégie énergétique du Québec aurait été prise en compte et la meilleure façon d'en faire bénéficier tous les Québécois aurait été elle aussi documentée.

Le Québec se serait situé à l'avant-garde de la consultation et de la transparence, comme il y a 30 ans.

« On a vécu le colonialisme jusqu'à tout récemment, lance Jean Baril. Le développement de nos ressources naturelles est toujours digne d'un pays colonisé. »

En 1962, René Lévesque, âgé de 40 ans, parcourt tout le territoire afin de convaincre les Québécois qu'il faut absolument nationaliser l'électricité. En 2010, les citoyens n'ont pas droit à la même transparence de la part d'une autre jeune ministre libérale, âgée de 43 ans, à qui revient la tâche de gérer les richesses naturelles. Contrairement à René Lévesque, Nathalie Normandeau n'informe pas les Québécois que son gouvernement souhaite développer une nouvelle filière. Ce sont les citoyens eux-mêmes qui doivent trouver l'information et faire face à la ministre. C'est ce qu'on appelle un changement de paradigme.

Le cash

« On veut faire du cash », lance Nathalie Normandeau sur le plateau de *Tout le monde en parle* en octobre 2010. Un mois plus tôt, de façon moins abrupte mais plus infantilisante, elle déclare : « Les amis, si on veut éviter d'aller vous en chercher davantage dans les poches, il faut jouer sur la colonne des revenus et s'assurer de créer de la richesse ici. Et c'est comme ça que notre société sera en mesure de grandir et que nos enfants ne seront pas hypothéqués par les dettes qu'on va leur laisser pour les 10, 15, 20 ou 25 prochaines années. »

Pourtant, le gaz de schiste n'a qu'un potentiel très limité pour rétablir les finances du Québec, où les ressources naturelles ne comptent que pour 2,2 % de l'économie. Les calculs de Joëlle Noreau, économiste principale chez Desjardins, montrent que les redevances annuelles pour 3000 puits de gaz de schiste rapporteraient 400 millions de dollars, soit 0,01 % du service de la dette qui représente 6,9 milliards de dollars pour l'année budgétaire 2011.

Le commissaire au développement durable, Jean Cinq-Mars, est lui aussi sceptique. « Les travaux relatifs aux retombées économiques et aux redevances attendues ne permettent pas de démontrer de façon satisfaisante que les bénéfices sont supérieurs aux coûts pour la société québécoise », écrit-il dans le rapport du vérificateur général de mars 2011. Pour le commissaire, la pertinence de produire du gaz de schiste au Québec n'a pas été prouvée. Il demande au gouvernement Charest « d'analyser les bénéfices et les coûts économiques, sociaux et environnementaux liés au développement des gaz de schiste pour la société selon différents scénarios basés sur des hypothèses réalistes afin d'aider les décideurs dans leurs décisions ».

« Je dois conclure que le principe d'efficacité économique n'est pas encore intégré à la réalité québécoise en ce qui a trait à l'exploration et à l'exploitation des gaz de schiste », écrit Cinq-Mars. Il note également que le projet de développement ne s'arrime pas aux priorités d'action du gouvernement, lequel n'a pas suffisamment démontré les bénéfices d'une telle entreprise pour la société québécoise. Finalement, il critique les subventions de toutes sortes accordées aux gazières en écrivant que le gouvernement se base sur des règlements « qui minimisent les débours des entreprises ».

Non seulement le gaz de schiste n'a pas le potentiel de rétablir les finances du Québec, mais l'industrie bénéficie de généreux crédits d'impôt et autres avantages fiscaux pour se développer. Si ce ne sont pas les Québécois, qui donc a à gagner dans cette histoire ?

CHAPITRE X

Pourquoi ?

« Il faut mettre de l'eau dans son vin pour qu'il n'y ait pas d'eau dans le gaz ! »
CHRISTELLE HEURTAULT

Il y a une faille dans l'expertise au Québec. Et contrairement à la faille dans le puits de Talisman à Leclercville, elle n'est pas naturelle.

L'expertise de l'État en géologie a longtemps résidé entre les mains de la SOQUIP, une société d'État neutralisée par Lucien Bouchard à la fin des années 1990. La majorité de ceux qui y ont travaillé et qui sont toujours actifs dans le domaine du gaz évoluent désormais dans le secteur privé : Jean-Yves Lavoie, Jacques Aubert, Jean Guérin, Sophie Brochu, etc.

Pendant ce temps, les géologues de l'État sont dépassés. Leur expertise ne fait pas le poids. L'administration publique est muselée et apeurée. Les fonctionnaires ne savent que trop peu à quoi ils font face. Les meilleurs talents que l'État a formés ne sont plus à son service. Plusieurs hauts gradés de l'administration Charest travaillent avec les gazières.

Il y a déséquilibre, et pas seulement dans le dossier qui nous occupe. Nous n'avons qu'à penser au ministère des Transports et à la corruption qui y règne, comme le dévoile un rapport secret de l'Unité anticollusion dirigée par Jacques Duchesneau divulgué dans la presse en septembre 2011. Sinon, il y a aussi le fait que neuf anciens sous-ministres des Transports travaillent aujourd'hui pour le compte de firmes de génie-conseil, lesquelles se séparent la bonne part des contrats de travaux routiers du Québec. Un autre domaine de la fonction publique qui a été saigné de son expertise.

Il y a également une absence criante de la science dans les médias du Québec. Le débat sur le gaz de schiste le démontre, le souligne et l'exacerbe. La science est un sujet peu accrocheur à côté duquel il est difficile de vendre de la publicité. Les médias n'ont tout simplement pas les moyens d'en parler.

Pourtant, la gestion du développement de la filière gazière est alarmante. Nous nous devons de nous l'expliquer, d'en débattre ouvertement, d'en comprendre les impacts et de trouver des solutions ensemble.

Plusieurs options s'offrent aux Québécois, telles que la création d'une société d'État des ressources naturelles. La mise sur pied d'une commission d'enquête publique dans le domaine de la construction pourrait également s'avérer utile. Depuis trois ans, ce sont près de 80 % des Québécois qui en font la demande, ainsi que tous les partis d'opposition à Québec, le maire de Montréal, le maire de Québec, la Fédération des municipalités, l'Ordre des ingénieurs et plusieurs autres. Il est temps de faire le ménage.

La solution

« Il faut que l'État conserve une participation d'au moins 50 % dans tous les projets de développement, explique Renaud Lapierre, ex-administrateur de la SOQUIP. C'est indécent comment nos ressources naturelles sont en train d'être bradées. » L'ancien sous-ministre à l'Énergie est l'un des seuls Québécois qui proposent une alternative au scénario actuel. Hormis cet ingénieur de formation, peu d'autres ont suggéré la moindre idée sur la façon de modifier une situation qui, à l'heure actuelle, favorise largement le secteur privé.

> Ce que je propose est très différent de ce qui existait avec les trois sociétés d'État SOQUIP [pétrole et gaz], SOQUEM [mines] et REXFOR [forêt], explique-t-il. La nouvelle société d'État chapeauterait toutes nos ressources : l'eau, la forêt, les mines et l'énergie autre que l'hydraulique. On ne partira pas tout ça d'un coup ; des priorités vont être établies. On va devoir accélérer la formation de géologues et d'ingénieurs spécialisés en recourant si nécessaire aux Norvégiens, par exemple. Il faut cinq ans pour monter une telle boîte avec une expertise solide.

Ce que recommande Renaud Lapierre n'a rien à voir avec la nationalisation. La stratégie est plutôt de permettre à Québec de conserver en tout temps 50 % de la propriété des permis émis par le MRNF. Le choix d'investir dans les projets de développement se fait ensuite au cas par cas. Par exemple, si une multinationale veut exploiter de l'or en Abitibi et que des investissements d'un milliard de dollars sont requis, deux choix s'offrent à la société d'État. Elle peut décider d'investir 500 millions de dollars et de tirer 50 % des profits de l'exploitation. Mais elle peut aussi vendre 40 % de la propriété du permis à la compagnie et n'investir que 100 millions de dollars. Dans ce cas, elle ne pourra prétendre qu'à 10 % des profits, auxquels s'ajoutent bien sûr les redevances de 12 à 16 % prévues par la Loi sur les mines et les modifications proposées. « Il est certain que l'État n'investira pas toujours, explique Renaud Lapierre. Mais les 50 % du permis permettront à Québec de développer nos richesses dans le cadre d'une réelle stratégie de développement durable. L'État aura son mot à dire dans tous les projets. » Si un projet X ne cadre pas avec les plans du Québec, la société d'État n'aurait qu'à refuser à la fois d'y investir et de vendre ses 50 % du permis.

L'ex-sous-ministre reconnaît donc entièrement le pouvoir de développement du secteur privé, qui continuerait à jouer un grand rôle. Il ne craint pas de voir les entreprises déserter. Elles suivront les nouvelles règles du jeu, explique-t-il, puisque le minimum de 50 % de profits qu'elles réaliseraient avec l'exploitation de nos richesses représente tout de même des sommes importantes.

« Le problème est que le gouvernement pense qu'on ne peut rien faire sans les entreprises privées, lance l'ex-membre du conseil d'administration de la SOQUIP. Pour ma part, j'ai une autre vision, celle d'un État entrepreneur. » Le Québec ne touche actuellement qu'environ 3 à 4 % des profits engendrés par l'exploitation de ses richesses naturelles, si l'on tient compte des déductions fiscales admissibles. L'État doit prendre davantage de risques si on aspire à conjuguer l'intérêt public et le développement. « Il n'y a pas assez d'entrepreneurs au Québec, poursuit l'homme d'une soixantaine d'années. Mon père était entrepreneur en construction et je fais partie de la deuxième génération d'entrepreneurs. Le Québec n'a pas un historique de 25 générations d'entrepreneurs, ce qui fait que l'État doit l'être lui-même pour soutenir la structure. »

Les valeurs entrepreneuriales n'existent en effet que trop peu au Québec. Le magazine *Jobboom* présente dans son édition de mai 2011 un dossier intitulé « L'entrepreneuriat québécois en crise » qui dévoile plusieurs statistiques inquiétantes.

> Des études récentes du gouvernement du Québec révèlent que le taux entrepreneurial de la province, c'est-à-dire le nombre d'entrepreneurs parmi la population de 15 ans et plus, est passé de 3,4 % en 1987 à 2,9 % en 2008, écrit la journaliste Marie-Hélène Proulx. Et ce, malgré le demi-milliard de

> dollars que l'État investit chaque année dans les programmes de soutien à l'entrepreneuriat. La part des nouvelles entreprises dans le nombre total de compagnies au Québec a chuté de 14,6 % en 1991 à 11,2 % en 2006. Pendant ce temps, en Ontario, elle augmentait de 13,9 % à 15,1 % !

On y apprend aussi que 9,5 % des Québécois sont propriétaires d'une entreprise, contre 16,3 % pour le reste des Canadiens. Et ce sont les francophones qui affichent ici le pire bilan. Seulement 7,9 % d'entre eux possèdent une entreprise alors que c'est le cas pour 17 % des anglophones du Québec.

Les Québécois doivent donc développer le goût du risque associé à l'entrepreneuriat. L'État n'est que le fiduciaire des richesses naturelles du territoire. Pour que l'exploitation de celles-ci génère davantage de richesse collective que ce que nous rapportent les maigres redevances actuelles, c'est non seulement une nouvelle société d'État qu'il nous faut, mais aussi un changement de culture. « Avec le gaz de schiste, les petites compagnies se sont mises à pousser parce que les permis ne valaient rien, observe Renaud Lapierre. Ceux qui les ont créées sont presque tous des géologues ou des ingénieurs pétroliers formés par l'État. Ça ne marche pas, on est en train de se faire spolier ! »

En ayant le choix de participer activement ou non aux projets de développement, la société d'État que propose Lapierre permettrait également de lancer l'exploitation d'une ressource au bon moment en regard de son prix sur le marché. « Le promoteur peut avoir un intérêt à vendre à un prix bas, avance-t-il, mais pas l'État, parce que plus il est bas, moins les redevances sont grosses. » L'exemple du gaz de schiste est probant. Au prix actuel de quatre dollars le millier de pieds cubes, les redevances versées à l'État seraient minuscules. « Il faut être inconscient pour sortir le gaz à ce prix-là, s'emporte l'ex-sous-ministre. Le prix devrait être au moins à neuf dollars pour que l'exploitation en vaille la peine en termes de redevances. » La décision d'extraire la ressource ne revient toutefois pas à l'État, mais plutôt à l'entreprise privée qui n'a de considération que pour ses actionnaires.

Pour que le Québec devienne la « Norvège de l'Amérique du Nord », une expression souvent utilisée par Nathalie Normandeau, encore faut-il posséder les bons outils. « La disparition de la SOQUIP a appauvri le Québec d'une expertise rare qui lui fait maintenant cruellement défaut, explique Renaud Lapierre. Mais on a le temps de rebâtir cette expertise avant que le gaz naturel n'atteigne neuf dollars sur le marché. » Il croit donc que le Québec doit se servir de la crise actuelle comme d'un tremplin pour racheter 50 % de tous les permis d'exploration gazière. L'industrie a investi 200 millions de dollars depuis le début de l'aventure, mais Lapierre calcule qu'en soustrayant toutes les déductions fiscales offertes aux gazières, il faudrait débourser 60 millions de dollars pour mettre la main sur 50 % des permis.

> Seule une crise – réelle ou supposée – peut produire des changements, écrit l'économiste Milton Friedman dans *Capitalisme et liberté*. Lorsqu'elle se produit, les mesures à prendre dépendent des idées alors en vigueur. Telle est, me semble-t-il, [la] véritable fonction [des économistes] : trouver des solutions de rechange aux politiques existantes et les entretenir jusqu'à ce que des notions politiquement impossibles deviennent politiquement inévitables [1].

La crise est là. Collectivement, les Québécois peuvent choisir de développer leurs ressources comme des entrepreneurs.

---

1. Milton Friedman, « Capitalisme et liberté », Paris, Robert Laffont, 1971.

Une alternative ?

« Il faut voir les ressources naturelles comme le compte en banque du Québec, dit Jacques Fortin, professeur en sciences comptables à HEC depuis 37 ans. En bon père de famille, tous les moyens sont bons pour éviter de toucher à ce compte épargne si on veut en léguer le plus possible aux héritiers. » Les richesses dont regorge le territoire représentent donc en quelque sorte le fonds de pension des Québécois, surtout celui des générations futures. « Mais le modèle québécois équivaut plutôt à un individu qui subsiste en pigeant dans ses épargnes, poursuit le professeur. C'est même pire : il subsiste en endettant les autres. »

Selon celui qui est également directeur du développement durable à HEC, on ne doit exploiter le pétrole, le gaz, la forêt et les mines qu'en dernier recours. Et pour y arriver, il faut innover, ce que Jacques Fortin a fait quand il a réussi à donner un cours de deuxième cycle à 200 élèves répartis sur six groupes sans utiliser une seule feuille de papier. « On ira couper un arbre quand on l'aura recyclé dix fois », lance-t-il.

Le biogaz s'inscrit dans cet idéal d'innovation. Plutôt que d'extraire le gaz naturel du sous-sol, les Québécois ne devraient-ils pas en créer ? Nous en produisons déjà, que ce soit avec nos déchets domestiques ou nos propres excréments. Les animaux sont aussi une source intarissable de méthane, comme l'a d'ailleurs affirmé Nathalie Normandeau en disant que les flatulences des vaches rejettent davantage de CO_2 dans l'atmosphère qu'un puits de gaz de schiste.

Les émissions polluantes provenant des excréments bovins et humains ainsi que de nos déchets organiques qui se décomposent dans les centres d'enfouissement pourraient être captées et utilisées dans la production de gaz naturel. C'est la biométhanisation, un procédé en œuvre dans des usines qui sont ou seront construites à Montréal, Laval, Longueuil, Québec, Rivière-du-Loup et ailleurs au Québec. En novembre 2009, le gouvernement Charest a clairement indiqué sa volonté de mettre de tels déchets en valeur d'ici dix ans quand il a dévoilé son *Projet de politique québécoise de gestion des matières résiduelles* et son *Programme de traitement des matières organiques par biométhanisation et compostage*. Depuis cette annonce, Québec a créé un fonds de 650 millions de dollars pour permettre aux municipalités de développer la filière.

Pourquoi le gouvernement ne capitalise-t-il pas sur cet investissement ? À Saint-Hyacinthe, par exemple, l'usine de méthanisation inaugurée le 21 janvier 2010 est capable de digérer en 24 jours les boues produites par l'usine d'épuration des eaux de la ville et de les transformer en gaz naturel et en engrais de très bonne qualité. Le projet d'une valeur totale de 8,5 millions de dollars s'autofinancera en six ans grâce aux économies annuelles de 1,2 million de dollars en transport et en disposition de ces boues.

La technologie s'avère rentable et la Ville souhaite aller plus loin. Outre les déchets humains, elle veut aussi recueillir les matières organiques. D'ici deux ans, la collecte à trois voies permettra de récupérer 10 000 tonnes additionnelles de matières putrescibles par an à Saint-Hyacinthe. À ces fins, les Villes de Québec et de Montréal prévoient quant à elles détourner de l'enfouissement respectivement 85 000 et 230 000 tonnes de matières organiques par année.

Au total, c'est 60 % de la consommation annuelle de gaz naturel au Québec qui pourrait être produite par les usines de biométhanisation, selon une étude du Laboratoire des technologies de l'énergie (LTÉ) d'Hydro-Québec en 2008.

Ne faudrait-il pas valoriser nos déchets actuels plutôt que ceux des dinosaures ?

Au final

Bien que le gaz naturel soit un combustible qui produit moins de CO_2 que le pétrole et le charbon, les impacts environnementaux de l'exploitation du gaz de schiste laissent planer un doute sur l'aspect « vert » de la ressource. De la quantité d'eau utilisée lors des forages aux boues toxiques dont il faut disposer jusqu'aux fuites de méthane dans les puits, la situation est pour le moins incertaine. D'ailleurs, si cette industrie est verte, pourquoi est-elle exclue du *Clean Air Act*, du *Clean Water Act* et du *Safe Drinking Water Act* aux États-Unis ?

C'est de centaines de piscines olympiques que l'industrie aura besoin pour fracturer la roche du *shale* d'Utica. Pour l'instant, on ne sait pas exactement où sera puisée cette eau, que les gazières paient sept cents par 1000 litres et qu'elles comptabilisent elles-mêmes. Son prélèvement pourrait avoir un effet important sur les nombreux bassins hydriques du Québec, affectant même le débit des cours d'eau qui abreuvent les Québécois.

La moitié du liquide de fracturation récupéré est d'abord disposée dans des bassins de décantation, ce qui libère des toxines dans l'atmosphère puisque l'eau s'évapore avant d'être transportée par camion-citerne. Non seulement cette eau est bourrée de produits chimiques, mais elle contient également différents métaux lourds et minéraux qui se trouvaient dans le sous-sol. Afin de réduire les coûts du transport de ces boues vers les centres d'épuration, certaines gazières sont connues pour, lors de journées chaudes et ensoleillées, accélérer l'évaporation de l'eau en la pulvérisant en l'air. Cette pollution atmosphérique locale doit être prise en compte.

Une fois ces boues décantées, les gazières les acheminent aux quelques usines d'épuration qui acceptent de les traiter, comme celle de Trois-Rivières et, jusqu'en 2010, celle de Drummondville. Le MDDEP n'a pas à intervenir et la décision de les traiter ou non revient aux municipalités. Alors que les commissaires du BAPE rappellent qu'« il n'y a pas de données disponibles sur l'efficacité des traitements au niveau municipal ou industriel pour éliminer l'ensemble des contaminants contenus dans cette eau », la Ville de

Trois-Rivières affirme qu'elle est facile à traiter. Des doutes planent quant à la capacité de traitement de toutes ces eaux usées en cas d'exploitation à grande échelle.

Plus de 50 % des puits forés au Québec présentent des fuites. Faut-il extrapoler et craindre 13 103 fuites advenant 20 000 forages ? Les nappes phréatiques de près d'un million de Québécois pourraient ainsi être contaminées si ces fuites s'avéraient généralisées et mal contrôlées. Alors que les fuites peuvent se produire sur une énorme période de temps, la jeune industrie assure qu'il est impossible qu'une nappe phréatique soit contaminée de la sorte. Peut-être l'industrie est-elle trop jeune pour affirmer cela hors de tout doute ?

Il ne faut pas ignorer la pollution visuelle et sonore. Les tremblements de terre quotidiens comme ceux vécus par Suzanne Milette à Bécancour doivent être pris en compte par les décideurs. L'histoire des Larin met quant à elle en évidence que le développement d'une activité industrielle ne doit pas se limiter aux calculs de rentabilité. Le facteur humain doit également être pris en considération.

Les gazières pourraient aussi envenimer les relations humaines dans certains villages. Rien ne prouve que l'industrie du gaz de schiste est compatible avec le tourisme, la promotion des produits du terroir et la quiétude des familles qui s'installent à la campagne pour fuir le brouhaha de la ville. Une seule personne qui accepte de louer sa terre peut modifier l'équilibre paisible d'un village. Avec les lois actuelles, alors que la Ville n'a pas de pouvoir, le fermier, lui, a tous les droits de louer sa terre aux gazières s'il le désire.

Il est encore difficile de comprendre pourquoi le gouvernement ne s'est pas inspiré de la Colombie-Britannique pour vendre ses permis aux enchères afin de récolter des milliards au lieu du petit million actuel. La vente à dix cents l'hectare aurait pu cibler certains permis afin d'en évaluer la possible rentabilité, plutôt que de les brader d'un seul coup. D'autant plus que ceux-ci créaient un certain engouement.

Les 230 millions de dollars de redevances annuelles prévues par la ministre Normandeau représentent 15 % du coût des garderies à sept dollars. Les 5000 emplois promis risquent pour la plupart de profiter à l'étranger, puisqu'il n'existe pour ainsi dire aucune main-d'œuvre spécialisée dans ce type de forage au Québec. « Est-ce que seuls les camionneurs, les hôteliers et les danseuses y trouveront leur compte ? » se questionne cyniquement Gérard Montpetit. Nous nous devons d'évaluer les vraies retombées pour le secteur de l'emploi québécois.

Le marché du gaz est continental et la croissance de la production aux États-Unis depuis 2007 a fait chuter les prix à leur plus bas niveau depuis des années. Les estimations des géologues états-uniens laissent croire que la production totale de ce pays pourrait bientôt permettre à l'Amérique du Nord d'acquérir une indépendance complète en gaz naturel.

La pertinence de l'exploitation de cette ressource est donc difficile à démontrer au Québec. Dès octobre 2009, le gouvernement a promis une loi pour encadrer ce développement. Cette promesse ne s'est jamais matérialisée et c'est la Loi sur les mines de 1880 qui réglemente l'industrie gazière. Cette loi domine la législation du Québec et, dans le cas du gaz de schiste, rend caduques la Loi sur le développement durable, la Loi sur la qualité de l'environnement, la Loi sur l'aménagement et l'urbanisme et la Loi sur les cités et villes.

Le gouvernement a fait la sourde oreille lorsque de nombreux groupes ont demandé l'imposition d'un moratoire. La majorité d'entre eux n'étaient pas nécessairement opposés à l'industrie mais voulaient plutôt se donner le temps d'en apprendre davantage avant de s'engager. L'État s'est entêté à défier le bon sens d'une population qui voyait dans ces projets un risque majeur de perte de richesse collective et un recul de ses droits. En 2011, comment est-il possible de définir une politique gouvernementale sans avoir la moindre information indépendante sur le sujet ?

On doit se demander à quel point les « hommes du gaz » ont réussi à influencer le PLQ. Stéphane Bertrand, Daniel Gagnier, Daniel Bernier, Martin Daraiche et Stéphane Gosselin ont tous fait partie des hautes sphères du pouvoir avant d'aider l'industrie à s'implanter au Québec. De quoi alimenter les théories du complot les plus folles.

Lucien Bouchard affirme avoir la certitude de travailler dans le meilleur intérêt des Québécois. L'ancien premier ministre du Québec n'a toutefois toujours pas réussi à les convaincre que les maigres redevances versées par l'industrie gazière sont « un atout très important pour le développement économique et le financement des missions de l'État ».

Qui a le plus à gagner dans tout ça ?

Ne serait-il pas temps de s'offrir une consultation adéquate afin d'élaborer une stratégie propre à nos valeurs ?

Annexes

Persistant, persuasif et irréaliste

MICHAEL BINNION

5 juillet 2011

En mai dernier, lors du Congrès américain, la dirigeante de l'Agence de protection de l'environnement des États-Unis s'est jointe à une longue liste de régulateurs en environnement et ressources naturelles. Plusieurs régulateurs ont émis des communiqués de presse. Certains ont même prononcé des déclarations provocantes lors d'entrevues avec des médias.

Ils soutiennent tous qu'il n'y a aucun cas de fracturation hydraulique de gaz de *shale* ayant affecté les eaux souterraines. Pourquoi donc ces personnes responsables de la protection du public sont-elles désormais assez convaincues pour se joindre au débat public ?

John F. Kennedy disait que « l'ennemi de la vérité n'est pas, dans bien des cas, le mensonge – délibéré, guindé et malhonnête –, mais le mythe, persistant, persuasif et irréaliste [...] ». Il s'agit simplement du mythe que le gaz de *shale* représenterait un risque significatif pour l'eau souterraine. La plupart des théories de pseudo-experts ressemblent à l'idée que la terre serait plate, soit le type d'idées qui défient les lois de la physique. D'autres dépendent de scénarios tirés par les cheveux qui ne peuvent prendre forme dans le monde réel ou sont si improbables que le Conseil de protection des eaux souterraines a affirmé qu'il n'y a qu'une chance sur 200 millions que cela puisse arriver.

Il y a des rapports indépendants datant de plusieurs années qui confirment que le procédé est sécuritaire pour les eaux souterraines. Tout comme les mythes selon lesquels « le premier pas sur la Lune aurait été une conspiration organisée », « Elvis serait toujours en vie », « Obama ne serait pas né aux États-Unis », l'idée que la fracturation hydraulique puisse contaminer les eaux souterraines situées à plus d'un kilomètre de profondeur persiste et tend à persuader.

En ce qui concerne le gaz de *shale*, les sources principales du mythe au sujet de la fracturation proviennent de Propublica et *Gasland*.

Dès le début du débat au sujet du gaz de *shale*, Abraham Lustgarten, et Propublica, suggéraient qu'il y aurait plus de 1000 cas d'eaux souterraines contaminées, causés par la fracturation. Il a d'ailleurs fait la promotion du fait que la presse à grand déploiement aurait répété son message à plus de cinquante reprises. Au moment où j'écris ce blogue, j'ai en ma possession un courriel de M. Lustgarten dans lequel il admet qu'il utilise une définition beaucoup plus large de la fracturation qui inclut des liquides de surface provenant même des fuites mineures telles que celles des camions. Il utilise aussi une définition très large du mot « cas », incluant les incidents qui ont simplement le potentiel de causer une contamination. Toutefois, il ne l'a pas dit clairement dans ses articles.

Cela ressemble à Josh Fox qui est responsable d'avoir popularisé l'image dramatique de gens pouvant allumer une flamme à même leur robinet d'eau dans le film *Gasland*. Si vous ne saviez pas qu'il est commun de retrouver du méthane dans les eaux souterraines, il n'est pas étonnant que vous soyez surpris de voir ce phénomène. Toutefois, Josh Fox a admis sur vidéo qu'il savait que des gens pouvaient allumer une flamme à partir de l'eau du robinet, fait provenant d'un rapport de 1936, bien avant que la fracturation commence. Il ne l'a simplement pas souligné dans son film, soutenant que c'était hors de propos et que vous pouvez toujours le visionner à cette nouvelle adresse.

L'industrie n'a pas eu de succès à défaire ce mythe au sujet de la fracturation. Peut-être qu'un groupe de régulateurs réussira.

Post-scriptum : Depuis le commencement de ce blogue, les régulateurs à New York ont confirmé que la fracturation réalisée à des profondeurs sécuritaires ne pose aucun risque significatif pour les eaux souterraines et ont recommandé d'autoriser l'exploitation. New York est l'endroit où le débat sur le gaz de *shale* a commencé, alors peut-être s'agit-il du début de la fin quant au débat sur une source d'énergie plus propre et moins chère.

LETTRE OUVERTE D'ODETTE LARIN

21 juin 2011

J'habite la municipalité de Saint-Louis, la seule municipalité du Québec qui, jusqu'à ce jour, a accepté un puits de gaz de schiste au centre de son village. Et bien qu'on puisse espérer qu'aucune autre municipalité ne suive cet exemple peu reluisant, il y a fort à parier que Saint-Louis ne sera pas une exception au Québec. Vous avez peut-être entendu parler de la ville de Fort Worth au Texas, avec ses 1,8 million d'habitants, ville qu'on pourrait comparer à Montréal. En dix ans à peine, les gazières ont foré plus de 2000 puits de gaz un peu partout dans cette ville. Ici, au Québec, on parle de 20 000 puits dans 20-30 ans, dans la seule vallée du Saint-Laurent. Combien y en aura-t-il à Montréal ? Combien à

Saint-Louis ? Combien dans votre municipalité ? À quelle distance de votre maison ? Il ne faut pas croire que les gazières auront plus de scrupules ici dans nos villes et villages qu'elles en ont eu aux États-Unis ou ailleurs dans le monde.

Je connais bien toutes les nuisances causées par le forage d'un puits de gaz de schiste, car nous en avons un à 100 mètres de notre résidence. Depuis 2007, Gastem et sa partenaire Forest Oil ont foré à trois reprises derrière chez nous, avec la bénédiction de l'ex-maire et des autorités provinciales. Elles ont tous les droits, nous n'avons rien à dire. À l'automne 2008, nous avons vécu une fracturation hydraulique et les travaux qui y sont reliés pendant 93 jours, sept jours sur sept, 24 heures sur 24. Nous avons subi la poussière, l'éclairage intense nuit après nuit, le bruit des tuyaux qui se frappent les uns sur les autres, le bruit des génératrices jour et nuit, le bruit assourdissant d'une quinzaine de pompes alimentées par d'immenses moteurs diesel, les sifflements et la lumière générés par la torchère, le smog qui brûle la gorge, les yeux, qui donne des palpitations et qui gruge l'énergie, la circulation de véhicules lourds sur notre rue résidentielle, deux explosions en pleine nuit qui ont fait trembler les fenêtres et les murs de notre maison, l'insomnie, le désespoir et la révolte. Comment l'*homo sapiens* réagit-il lorsqu'il se sent attaqué ? Deux choix s'offrent à lui : ou il s'écrase et s'enfuit, ou il se lève, affronte et attaque. Dans notre cas, cette révolte nous a conduits à l'affrontement, à porter notre cause devant les tribunaux. Et à sortir de chez nous avec nos pancartes pour crier de plus en plus haut et fort notre indignation. Pour nous, c'est une question de dignité. On verra bien la suite. Mais collectivement, quelle solution adopterons-nous ? La fuite ou l'affrontement ? Il est urgent que nous trouvions une réponse et agissions en conséquence car la menace est extrêmement forte et bien organisée.

À La Présentation, comme à Saint-Louis, la gazière Gastem et ses partenaires, chez vous Canbriam, chez nous Forest Oil, ont fait preuve d'un manque total de respect envers les citoyens en forant aussi près des habitations. Je comprends l'indignation de Madame Méthot qui exploite une garderie tout près et celle des parents dont les enfants fréquentent son établissement. Je comprends aussi les autres voisins du site car, tout comme nous, ils ont probablement choisi de vivre à la campagne pour y être en paix et en harmonie avec la nature et certainement pas pour voir l'industrie gazière s'implanter à proximité de leur propriété.

Mais qu'est-ce qui compte pour l'industrie : le bon voisinage ou le profit ? Sans hésitation, je pointe le profit. La vie chambardée des voisins qui se transforme en véritable cauchemar ne les émeut absolument pas et, une fois installées, elles poursuivront leurs travaux pendant plusieurs années, voire des dizaines d'années, aussi longtemps en fait qu'il y aura du gaz à siphonner du sous-sol. Les compagnies sont avares d'information sur la durée des travaux et sur le nombre de puits qu'elles creuseront sur chaque site. Elles ont beau dire que les propriétés situées à proximité d'un site ne perdent pas de valeur et que les activités liées au forage ressemblent, comme le disait Raymond Savoie, « à un murmure du vent dans les feuilles d'un arbre », mais il ne faut surtout pas les croire sur parole car le murmure ressemble plus à l'enfer qu'au paradis et il conduit lentement mais sûrement vers l'abrutissement et la destruction totale de toute qualité de vie. Mon mari et moi le savons très bien. Parlez-en aussi à ceux qui vivent à proximité d'un puits, ils vous diront que la nuisance est nettement supérieure aux quelques dollars empochés, qu'elle est démesurée, inacceptable et qu'elle ruine la vie. Pour les gazières, le profit, c'est tout ce qui compte, pas pour améliorer la vie des Québécois, mais pour enrichir davantage leurs actionnaires.

Comme beaucoup de citoyens, mon mari et moi avons présenté un mémoire au BAPE. Il porte le numéro DM39 et vous pouvez le consulter sur le site du BAPE. Avec un peu de recul, et à voir évoluer le dossier, je ne suis pas sûre que cet exercice en valait la peine. Cela aura simplement servi à rassurer une grande partie de la population et à faire taire la grogne. Dans ce dossier des gaz de schiste, nous, citoyens du Québec, devons nous lever, nous mobiliser et nous battre, pour nous bien sûr, mais surtout pour nos enfants et nos petits-enfants, pour qu'ils puissent avoir un avenir. C'est de cette seule façon que nous réussirons à faire reculer le gouvernement et que nous pourrons léguer à tous les enfants du Québec un patrimoine que nous aurons su protéger des pilleurs et des profiteurs sans scrupules, un pays où il fera bon vivre, une terre où nos petits-enfants et leurs descendants pourront évoluer et prospérer. C'est mon plus grand souhait.

Odette Larin, Saint-Louis-sur-Richelieu

LETTRE À LA MINISTRE NATHALIE NORMANDEAU

Au service des gens, pas de l'industrie

Dominic Champagne
15 octobre 2010, Québec

Je veux d'abord saluer votre brillante sortie à *Tout le monde en parle* l'autre soir. Pour avoir suivi le dossier du gaz de schiste de près depuis quelque temps, j'ai pu apprécier vos dons de persuasion et votre savoir-faire. Tout un art, que celui de jouer dans les demi-teintes pour enrober les vérités et tenter de nous enfirouaper le canayen, si vous me passez l'expression... Pour l'habileté, chapeau !

Quand Guy A. Lepage vous demande, et avec lui bien des citoyens du Québec, quelle urgence il y a à précipiter ce développement que tout le monde s'accorde à considérer pour le moins suspect, c'est avec un talent rare que vous désamorcez, en affirmant que le débarquement de l'armada n'est prévu que pour 2014 et que (je vous cite, mais j'abrège) : « Y a rien qui presse justement… […] On est à la phase actuellement d'intéresser des entreprises à venir mesurer ce que contient notre sous-sol. […] Alors, on se dit […] quelle formidable occasion ! […] D'ici là, on va s'inspirer des recommandations du BAPE. […] On va prendre le temps nécessaire pour faire les choses correctement […] qu'on soit la province en Amérique du Nord qui aura recours aux plus hauts standards en matière d'environnement pour la mise en valeur de notre gaz naturel. »

Mais pendant que les compagnies explorent, Madame la Ministre, pendant que le BAPE mène ses audiences et pendant qu'on vous écoute gagner du temps à *Tout le monde en parle*, des forages sont en cours. Pas en 2014, mais ICI et MAINTENANT ! Et à chaque forage qui a lieu, ce sont cinq tonnes de produits chimiques qui sont injectées dans le sous-sol, sans que l'on connaisse les impacts sur les nappes phréatiques et les sources d'alimentation en eau potable ! Et il y a des gens qui habitent près de ces zones de forages ! Car les permis que vous avez allègrement accordés sont situés dans le cœur historique et agricole, dans la zone la plus habitée du Québec !

GENTILLY

De grâce, ne nous parlez pas « des plus hauts standards » quand vous autorisez l'industrie à se soustraire aux lois, en privilégiant l'application de l'archaïque et inacceptable Loi sur les mines plutôt que la Loi sur la qualité de l'environnement. Quand nous savons que ces forages peuvent actuellement émettre des contaminants, c'est faire insulte à notre intelligence que de prétendre à une conciliation exemplaire entre les intérêts d'une industrie réputée polluante et la protection de l'environnement, de la santé et de la sécurité des citoyens ! *Give me some truth*, chantait Lennon !

Mercredi soir, des citoyens d'une dizaine de villages du comté de Bécancour, soucieux de ce qui se passe sur leurs terres, se sont rassemblés à Gentilly à la rencontre de tous les maires des municipalités de la région. Après chaude discussion, ils ont obtenu de leurs élus qu'ils recommandent officiellement au gouvernement un moratoire immédiat sur les gaz. Simplement, ils ont dit : « Wô, les moteurs ! » Je me disais que c'est de ce côté-là des choses que vous devriez venir ces jours-ci, Madame la Ministre...

POLITIQUE DE L'ABSTRAIT

Si vous passez par là, vous entendrez combien, malgré vos discours rassurants, les gens savent que les menaces sont réelles, combien les inquiètent les cas de contamination recensés en Pennsylvanie, au Colorado, en Arkansas et dans le Wyoming. Combien ils trouvent sage le moratoire décrété par les gens de New York. Et combien, s'ils ne sont pas opposés à la création de la richesse, ils ont soif de justice et de vérité.

Plus vous vous enfoncez à nier l'évidence et à défendre cette industrie, plus vous exhortez vos concitoyens à l'écoute et au respect quand c'est l'industrie que vous devriez exhorter au respect des habitants de cette terre, vous ne faites la preuve que d'une chose : vous en êtes rendue à faire de la politique dans l'abstrait, Madame.

MOUVEMENT COLLECTIF

En vous enfermant dans la tour d'ivoire de vos obsessions comptables, prête à tout sacrifier sur l'autel du laisser-faire, de la productivité et du développement économique, vous avez abandonné aux mains des mercenaires le peuple qui vous a élue.

Ces derniers temps, je ne peux m'empêcher de songer que vous êtes assise dans le même fauteuil que René Lévesque alors qu'il était ministre des Richesses naturelles. L'ironie de l'Histoire nous dit qu'il était parti à travers le Québec avec son tableau noir et sa craie pour bien faire comprendre à la population les enjeux de l'exploitation de cette importante richesse naturelle qu'est la force de l'eau. Au service des intérêts de ses concitoyens ! Après quoi, le gouvernement libéral avait déclenché des élections afin de faire sanctionner son projet. Que nous sommes loin aujourd'hui de cet extraordinaire mouvement collectif !

Dans toute cette affaire, Madame Normandeau, vous avez aussi rendez-vous avec l'Histoire. Et plus les citoyens s'informent et se mobilisent, plus la sagesse et la clairvoyance populaires se manifestent, plus vous vous rapprochez de la croisée des chemins. Une fois rendue, soit vous vous comporterez en véritable femme d'État en vous mettant réellement au service de vos concitoyens, soit vous agirez en femme de parti, en servant les intérêts de l'industrie et de ses nombreux amis qui sont parfois aussi les amis du parti...

Quoi qu'il advienne, comme René Lévesque en 1962, vous irez tôt ou tard en élections. Et alors, vous connaîtrez le jugement et le pouvoir de ce peuple qui, un jour, avait décidé d'être maître chez lui.

Liste des intervenants

Ont été interviewés dans le cadre de nos recherches :

Jean Baril, Pierre Batelier, André Belisle, Johanne Béliveau, Michael Binnion, Pierre Bluteau, Jacques Bourgault, Claude Brochu, Marc Brullemans, Dominic Champagne, Pascal Champagne, Kim Cornelissen, Marc Durand, Serge Fortier, Jacques Fortin, Chantal Gamache, Michel Gilbert, Sylvain Hétu, Renaud Lapierre, Odette et Roland Larin, Jean-Sébastien Marcil, Maryse Méthot, Suzanne Milette, Gérard Montpetit, Normand Mousseau, Jean Murray, Nathalie Normandeau, Dave Pépin, Claude Sabourin, Geneviève Salvail, Yvan Toutant, Christian Vanasse et Jacques Villemaire.

Bibliographie

Association québécoise de lutte contre la pollution atmosphérique et Stratégies énergétiques. « Feuille de route pour décider collectivement de l'opportunité d'une industrie du gaz de schiste au Québec », mémoire déposé au BAPE, document DM178, 2010, 131 p.

Association québécoise de lutte contre la pollution atmosphérique. « Étude critique du document technique (PR3) du ministère des Ressources naturelles et de la Faune (MRNF) déposé le 15 septembre 2010 », rapport déposé au BAPE, octobre 2010, 66 p.

BAPE. « Listes de mémoires déposés au BAPE », Enquête et audience publique sur le développement durable de l'industrie des gaz de schiste au Québec, documents DM1 à DM201, octobre à novembre 2010.

BAPE. « Transcriptions des séances », BAPE, Enquête et audience publique sur le développement durable de l'industrie des gaz de schiste au Québec, documents DT1 à DT24, octobre à novembre 2010.

Bishop, Ronald. « *Chemical and Biological Hazards Posed by Drilling Exploratory Shale Gas Wells in Pennsylvania's Delaware River Basin* », rapport pour le Delaware River Basin Commission Exploratory Well Hearing, novembre 2010, 23 p.

Boileau, Josée. « Gaz de schiste – Le monstre caché », éditorial, *Le Devoir*, 20 septembre 2010, p. A6.

Bourque, Pierre-André. « Les ressources en hydrocarbures au Québec », avis d'expert présenté au ministre des Ressources naturelles, de la Faune et des Parcs, département de géologie et de génie géologique, Université Laval, novembre 2004, 21 p.

Charbonneau, Michèle, Francine HAREL GIASSON et Laurent LAPIERRE. « André Caillé et Hydro-Québec », centre de cas HEC Montréal, 2003, 27 p.

Chouinard, Tommy. « Un ex-bras droit de Charest parmi les créateurs du lobby », *La Presse*, 4 septembre 2010, p. A8.

Climate Justice Montreal. « Quand l'eau flambe : Une introduction à l'extraction du gaz de schiste au Québec », 2010, 8 p.

Dion-Viens, Daphnée. « Témoignage de Philippe Duhamel : De la mondialisation aux gaz de schiste », *Le Soleil*, 17 avril 2011, p. 8.

Dusseault, Maurice B. « *Why oil wells leak: Cement Behavior and Long Term Consequences* », Porous Media Research Institute, University of Waterloo ; International Oil and Gas Conference and Exhibition, 7 au 10 novembre 2000, Pékin, Chine, 8 p.

Energy in Depth. « *Debunking GasLand* », <http://goo.gl/ll3Gt>, consulté le 15 mai 2011.

Fortin, Pierre. « Le développement économique et régional », avis d'expert présenté au ministre des Ressources naturelles, de la Faune et des Parcs, département des sciences économiques, Université du Québec à Montréal, novembre 2004, 22 p.

Fortin, Jacques. « Gaz de schiste, une perspective comptable », HEC Montréal, février 2011.

Fortin, Pierre. « Développement durable de l'industrie des gaz de schiste au Québec », rapport d'enquête et d'audience publique déposé au BAPE, février 2011, 323 p.

Francœur, Louis-Gilles. « Gaz de schiste : six avis d'infraction », *Le Devoir*, 28 janvier 2011, p. A1.

Francœur, Louis-Gilles. « Le rapport du BAPE sur les gaz de schiste – Une rebuffade qui laisse la porte ouverte à l'industrie », *Le Devoir*, 12 mars 2011, p. B1.

GASTEM. « Trois observations sur les opérations de forage et de fracturation au Québec », mémoire déposé au BAPE, document DM168, novembre 2010, 14 p.

Gélinas, Jacques B. « Société québécoise d'initiative pétrolière (SOQUIP) : Triste histoire d'une société d'État dissoute dans l'idéologie corrosive du néolibéralisme », 2010, 4 p.

Gouvernement du Québec. « L'évaluation environnementale : une pratique à généraliser, une procédure d'examen à parfaire », rapport du comité de révision de la procédure d'évaluation et d'examen des impacts environnementaux, Bibliothèque Publications gouvernementales, Université du Québec à Montréal, 1988, 169 p.

Handal, Laura, Bertrand Schepper et Patrick Hébert. « Gaz de schiste : une filière écologique et profitable pour le Québec ? », Institut de recherche et d'informations socio-économiques, 2011, 11 p.

Hydro-Québec. « Plan d'exploration du pétrole et du gaz naturel au Québec 2002-2010 », 2002, 28 p.

Institut de la Statistique du Québec. « Bilan démographique du Québec », 2010, 90 p.

Jackson, Robert B., et autres. « *Research and Policy Recommendations for Hydraulic Fracturing and Shale Gas Extraction* », Duke University, Nicholas School of the Environment, 2011, 11 p.

Journet, Paul, et Hélène BARIL. « L'ancien chef de cabinet de Charest conseillera Talisman », *La Presse*, 16 novembre 2010, p. A13.

Junex Inc. « Rapport annuel 2009 », 2009, 54 p.

Junex Inc. « Rapport annuel 2010 », 2010, 56 p.

Junex Inc. Mémoire déposé au BAPE, document DM136, novembre 2010, 52 p.

Koop, Will. « *Ants to the Picnic* », B. C. Tap Water Alliance, février 2011, 29 p.

Koop, Will. « *Backgrounder on Shale Gas & Oil Companies in Quebec* », B. C. Tap Water Alliance, mars 2011,100 p.

Lachance, Renaud. « Rapport du vérificateur général du Québec à l'Assemblée nationale pour l'année 2010-2011 », Bibliothèque et Archives nationales du Québec, déposé à l'Assemblée nationale en mars 2011.

Larin, Odette, et Roland Larin. « Développement durable de l'industrie des gaz de schiste au Québec », mémoire déposé au BAPE, document DM39, 2010, 6 p.

LUSTGARTEN, Abrahm. « *Buried Secrets: Is Natural Gas Drilling Endangering U.S. Water Supplies?* », ProPublica.org, <http://goo.gl/2m7pE>, 13 novembre 2008, consulté le 10 mai 2011.

Maîtres chez nous - 21e siècle. « Développement durable de l'industrie des gaz de schiste au Québec », mémoire déposé au BAPE, document DM177, 2010, 9 p.

Maîtres chez nous - 21e siècle. « Bureau parallèle d'audiences publiques sur l'environnement. Rapport 1 », 2011, 123 p.

Ministère du Développement Durable, de l'Environnement et des Parcs du Québec – direction des Politiques de la Qualité de l'Atmosphère. « Inventaire québécois des émissions de gaz à effet de serre en 2008 et leur évolution depuis 1990 », 2010, 18 p.

Ministère des Ressources naturelles et de la Faune. « L'énergie pour construire le Québec de demain : la stratégie énergétique du Québec 2006-2015 », 2006, 119 p.

Ministère des Ressources naturelles et de la Faune – Direction générale des Hydrocarbures et des Biocarburants. « Compilation pétrolière et gazière – Québec », 2010, 1 p.

Ministère des Ressources naturelles et de la Faune – Direction générale des Hydrocarbures et des Biocarburants. « L'exploration des schistes gazéifères des Basses-Terres du Saint-Laurent », 2010, 31 diapositives.

Ministère des Ressources naturelles et de la Faune – Direction générale des Hydrocarbures et des Biocarburants. « Le développement du gaz de schiste au Québec », document technique, septembre 2010, 26 p.

Ministère des Ressources naturelles et de la Faune – Direction générale des Hydrocarbures et des Biocarburants. « Liste des permis en vigueur », 2011, 16 p.

Montpetit, Gérard. Mémoire déposé au BAPE, document DM98, 2010, 3 p.

Nadeau, Benoît. « Le plan Caillé », *L'Actualité*, vol. 22, no 15, 1er octobre 1997, p. 16.

National Commission on the BP Deepwater Horizon Oil Spill and Offshore Drilling. « *Deep Water: The Gulf Oil Disaster and the Futur of Offshore Drilling* », gouvernement des États-Unis, 2011, 381 p.

Natural Resource Economics inc. « *The Economic Impacts of the Marcellus Shale: Implications for New York, Pennsylvania, and West Virginia. A Report to The American Petroleum Institute* », juillet 2010, 38 p.

Office national de l'Énergie. « L'ABC du gaz de schiste au Canada », novembre 2009, 23 p.

Ohio Department of Natural Resources Division of Mineral Resources Management. « *Report on the Investigation of the Natural Gas Invasion of Aquifers in Bainbridge Township of Geauga County, Ohio* », septembre 2008, 152 p.

Projet Montréal. « Gaz de schiste : les villes du Québec soumises à une loi datant de 1886 », mémoire déposé au BAPE, document DM128, 2010, 9 p.

« Questerre a fait de nombreux dons dans les villes où elle détient des puits », Radio-Canada.ca, <http://goo.gl/WSFm6>, 16 mars 2011, consulté le 20 mars 2011.

Questerre Energy. « *CAPP Oil and Gas Investment Symposium* », présentation d'entreprise, 2011, 27 p.

« Rabaska, une épine dans le pied ? », *La Presse*, <http://goo.gl/FWPcf>, 7 novembre 2006, consulté en ligne le 10 mai 2011.

Regroupement citoyen « mobilisation gaz de schiste » de Saint-Marc-sur-Richelieu. « Regard citoyen sur le gaz de schiste », mémoire déposé au BAPE, document DM163, 2010, 60 p.

Ridley, Matt. « *The Shale Gas Shock* », The Global Warming Policy Foundation, 2011, 32 p.

SECOR Conseil. « Évaluation des retombées économiques du développement des shales de l'Utica », rapport final, mai 2010, 71 p.

Shields, Alexandre. « Sondage Senergis-*Le Devoir* – L'opposition au gaz de schiste s'amplifie », *Le Devoir*, 15 février 2011, p. A1.

Schmouker, Olivier. « Qui est Robert Tessier ? », Les Affaires.com, <http://goo.gl/1dH82>, 5 mars 2009, consulté en ligne le 10 mai 2011.

State of Colorado Oil & Gas Conservation Commission. « *Gasland Doc* », Department of Natural Resources, 4 p.

STRONGER Inc. « *Pennsylvania Hydraulic Fracturing State Review* », Pennsylvania Department of Environmental Protection, septembre 2010, 40 p.

Union des Municipalités du Québec et Communauté métropolitaine de Montréal. Mémoire déposé au BAPE, document DM95, 2010, 34 p.

Wellington West Capital Market Inc. « *Energy Strategy – The Utica Shale Gas Play* », 2008, 9 p.

Table

Marquis imprimeur inc.

Québec, Canada
2011

Cet ouvrage composé en National corps 10 a été achevé d'imprimer au Québec le premier novembre deux mille onze sur papier Enviro 100 % recyclé pour le compte de VLB éditeur.